Meditação
COMO FAZER?

Dados Internacionais de Catalogação na Publicação (CIP)
(Câmara Brasileira do Livro, SP, Brasil)

Meditação : como fazer? : o método da
"ruminação" / Clodovis Boff. 3. ed. revista e
ampliada – Petrópolis, RJ :
Vozes, 2014.

ISBN 978-85-326-3350-7

Bibliografia.

1. Espiritualidade 2. Meditação 3. Meditação –
Métodos 4. Vida espiritual I. Título.

06.4673   CDD-248.34

Índices para catálogo sistemático:
1. Meditação : Métodos : Espiritualidade :
   Cristianismo   248.34

Clodovis Boff, OSM

Meditação
COMO FAZER?

O método da "ruminação"

Petrópolis

© 2006, Editora Vozes Ltda.
Rua Frei Luís, 100
25689-900 Petrópolis, RJ
Internet: http://www.vozes.com.br
Brasil

Todos os direitos reservados. Nenhuma parte desta obra poderá ser reproduzida ou transmitida por qualquer forma e/ou quaisquer meios (eletrônico ou mecânico, incluindo fotocópia e gravação) ou arquivada em qualquer sistema ou banco de dados sem permissão escrita da editora.

Diretor editorial
Frei Antônio Moser

Editores
Aline dos Santos Carneiro
José Maria da Silva
Lídio Peretti
Marilac Loraine Oleniki

Secretário executivo
João Batista Kreuch

Editoração: Elaine Mayworm Lopes
Diagramação: Juliano Ribeiro
Capa: André Esch

ISBN 978-85-326-3350-7

Editado conforme o novo acordo ortográfico.

Este livro foi composto e impresso pela Editora Vozes Ltda.

Sumário

I- Introdução, 7

A meditação hoje e sua importância, 7

Valor antropológico e especialmente terapêutico da meditação, 8

Intenção deste trabalho, 12

As fases da vida espiritual e a meditação, 13

Os que estão despertando hoje para a busca de espiritualidade, 16

Meditação, mais que mera reflexão, é buscar a união com Deus, 17

A reflexão devota: necessária para assentar a caminhada espiritual, 20

Meditação: mais para "sentir" que para saber, 23

O deleite espiritual é efeito não finalidade da meditação, 25

Experiência psicológica e experiência espiritual, 27

Aridez espiritual, 30

No deserto, continuar "caminhando e cantando", 33

Relação da meditação com a leitura espiritual e com a *lectio divina*, 34

As preparações para a meditação, 37

II- Método de meditação: a "ruminação", 47

Que é método: vantagens e limites, 47

Os métodos de meditação que vêm do Oriente, 50

O método de meditação aqui proposto: a "ruminação" recuperada, 52

O método da "ruminação" ao longo da tradição cristã, 55

Sobre o uso de um "mantra" pessoal, 68

Maria, mulher de meditação, 77

Maria, "mulher sábia", 87

A "peregrinação de fé" de Maria, 88

"Contemplação da paixão", 89

III- Apresentação e explicação do método de meditação aqui proposto, 93

A) Apresentação do esquema completo do método, 93

B) Explicação do método proposto, 94

Entrada, 94

Corpo do método, 95

Saída, 100

Advertência final muito importante: perseverança, 101

Introdução

A meditação hoje e sua importância

O homem moderno desaprendeu a arte de meditar. É pobre de interioridade. Vive "de fora para dentro", reagindo aos estímulos exteriores, como um autômato. O homem moderno foi para a lua, mas não sabe entrar no próprio coração. O poeta cristão Eliot, já em 1925, chamou os modernos de "homens ocos" no poema do mesmo nome:

> Nós somos os homens ocos,
> Os homens empalhados,
> Uns nos outros amparados,
> O elmo cheio de nada. Ai de nós!
> Nossas vozes, que juntos sussurramos,
> São quietas e sem expressão,
> Como o vento na relva seca,
> Ou pés de ratos sobre cacos
> Em nossa adega evaporada.
> Fôrma sem forma, sombra sem cor,
> Força paralisada, gesto sem vigor...[1]

---

1. ELIOT, T.S. **Poesia**. Rio de Janeiro: Nova Fronteira, 1981, 6. ed., p. 117 [Trad. Ivan Junqueira], com pequenas alterações estilísticas. Eliot (†1965) era americano, naturalizado inglês e ganhou o Prêmio Nobel de Literatura em 1948.

O corre-corre cotidiano nos deixa descentrados e dispersos. Assim agitados, vivemos voltados para fora. Somos como uma pensão popular, atravessada o tempo todo por todo tipo de gente. Desse modo, corremos o risco de perder nossa identidade. Não sabemos mais quem somos e nem para onde vamos.

Vamo-nos tornando vazios e subjetivamente depauperados. Daí vem a falta de paz interior, a angústia, quando não o desânimo e a depressão. Se não se põe remédio a este estado de coisas, acaba-se perdendo o gosto de viver e de crescer. Então, o sentido da vida se obscurece e o véu cinzento do tédio se estende lentamente sobre tudo. Ora, para fazer frente a esse quadro, excelente remédio é a meditação.

Valor antropológico e especialmente terapêutico da meditação

A meditação vale para todo mundo, e não só para as pessoas "de fé". É uma questão profundamente humana. Quem medita adquire uma identidade mais sólida. Ganha em autorrealização. Vê mais sentido nas coisas. Percebe mais encanto em seu mundo. Sente-se mais cheio de serenidade, equilíbrio e felicidade interior. Ademais, cresce sua sensibilidade aos valores profundos da vida. Seus sensores espirituais se aguçam: tudo o toca e mesmo o fere, embora seu espírito assimile toques e golpes, fortalecendo-se com eles. Pode mesmo acontecer que os efeitos da meditação se façam sentir sobre o próprio psiquismo, fazendo o meditante experimentar levitação, calor e até cessação da dor[2].

É inegável que a meditação representa um meio poderoso para avivar a "fonte interior" que cada um traz no fundo de seu coração e que as "preocupações da vida" acabam poluindo e entulhando: "A água que eu lhe der tornar-se-á nele uma fonte que jorra para a vida eterna" (Jo 4,14). Altíssima figura meditante, Cristo mesmo recomenda: "Quando orares, entra no mais fundo de teu quarto, passe a chave na porta e dirige tua oração a teu Pai, que está aí em segredo" (Mt 6,6).

Buddha, a figura meditante mais típica da história das religiões, ensina que o comportamento do homem segue sua mente "como a roda segue o pé" do animal que puxa a carroça. A uma mente dispersa segue uma vida inquieta e infeliz; e a uma mente meditante segue uma vida serena e bem-aventurada[3]. A meditação é um poderoso instrumento de pacificação e de integração interior, como diz o Iluminado:

> Como a chuva penetra numa casa mal coberta, assim também as paixões penetram numa

---

2. Cf. SUDBRACK, J. In: **Dictionnaire de spiritualité** (=DSp), t. X, Paris, 1980, col. 930. Para o valor puramente antropológico da meditação como fonte de energia, entusiasmo e amor à vida, cf. LeSHAN, L. **Meditação transcendental.** 5. ed. Rio de Janeiro: Record, [s.d.] [Col. "O poder da mente" (tradução equívoca do original **How to meditate**, de 1974)].
3. Cf. **Dhammapada** (Os versos da lei), n. 1-2.

mente não habituada à meditação. Como a chuva não penetra numa casa bem coberta, assim também as paixões não penetram numa mente habituada à meditação[4].

O fato é que, desde meados do século XX, a meditação de estilo oriental, zen, yoga ou qualquer outra que seja, começou a atrair a atenção geral dos ocidentais. A partir dos anos de 1970, ela chegou a interessar inclusive os "homens de negócio". Foi e está sendo vista como valendo por si mesma, inclusive fora de um objetivo religioso[5]. Constatou-se que a meditação pode ser usada simplesmente para "desenvolver o potencial humano", na medida em que ajuda a unificar o Self, alargar a consciência, iluminar a mente e estimular a intuição criativa[6].

O "homem moderno" viu que a meditação não fazia bem somente à alma, mas também ao corpo e à mente ou psique. De fato, a rotina frenética do nosso tempo conduz facilmente ao estresse e a toda a série de doenças ligadas ao estresse: alteração do metabolismo, hipertensão, úlceras, dores de cabeça, asma e insônia. Viu-se então na meditação um poderoso recur-

---

4. Op. cit., versos n. 13-14.

5. Prova-o a centena de sites que ensinam os vários métodos de meditação: **Folha de S. Paulo**, 29 de dezembro de 2004, seção informática, p. F 10: "Meditação: 110 sites selecionados".

6. Cf. o livro do padre irlandês, morando em Tóquio, JOHNSTON, W. **Música silenciosa:** a ciência da meditação. São Paulo: Loyola, 1989 (orig. Nova York, 1974), toda a primeira parte, p. 13-56, descrevendo o imenso interesse que suscitou a meditação no Ocidente, em particular nos meios "leigos" e científicos.

so que atingia a raiz de toda essa sintomatologia. Não sem razão, "meditação" e "medicina" têm a mesma raiz[7].

Descobriu-se, pois, que a meditação, além de seu uso religioso, pode também ter um uso puramente **terapêutico**. É o que mostrou Daniel Goleman[8]. Ela serve para prevenir doenças de fundo emocional. Justamente por esses benefícios a meditação está entrando mesmo na agenda das políticas públicas de saúde[9].

Portanto, a meditação ajuda a recuperar a saúde, não só da alma, mas também da mente. Ela protege contra a perda da harmonia interior, da integridade ou inteireza espiritual. A meditação propicia autocontrole e serenidade do coração. Ela permite, enfim, enfrentar, com melhores chances de sucesso, os chamados "problemas da vida".

Sem embargo, é irônico constatar que, enquanto a "gente do mundo" foi redescobrindo,

---

7. A raiz indo-europeia *med* evoca apreciação, julgamento. É a mesma raiz de "med-ida" e de seus derivados em *mod*: mod-o, mod-elo, mod-erno, cô-mod-o, mod-ificar, mod-erado.

8. GOLEMAN, D. **A arte da meditação.** Rio de Janeiro: Sextante, 1999 [Acompanhado de um CD para exercícios práticos]; • ainda do mesmo autor: **A mente meditativa:** diferentes experiências meditativas no Oriente e no Ocidente. 5. ed. São Paulo: Ática, 1997.

9. A prefeitura de São Paulo montou, na região da Lapa, um projeto, envolvendo 19 unidades de saúde da rede pública, em que se dão aos pacientes com tendência ao estresse aulas de meditação. Propõe-se como ideal 20 minutos, duas vezes ao dia, começando com cinco minutos cada vez: cf. **Folha de S. Paulo**, 12 de outubro de 2003, p. C4. Informa-se aí que pesquisa feita nos Estados Unidos mostra que os que praticam a meditação procuram os hospitais 57% menos que os que não meditam.

desde os anos de 1960, o caminho da meditação, os cristãos foram se afastando dela, em particular aqueles que, por tradição e por profissão, mais deviam exercitá-la: os religiosos e padres. Há de se reconhecer, de fato, que, nos meios cristãos em geral, a tradição da meditação sofreu um evidente ofuscamento, sobretudo por causa da sedução do ativismo moderno. Mas, como declara João Paulo II na *Tertio Millennio Ineunte*, hoje "se verifica uma generalizada exigência de espiritualidade", também dentro da Igreja, a qual busca agora voltar às fontes da grande tradição mística cristã (n. 33).

Tanto os cristãos "de tradição" quanto os agentes pastorais "tarefeiros" precisam ambos voltar a aprender que só com a meditação se **interioriza** profundamente o conteúdo da fé. Com ela, as coisas de Deus deixam de ser mera cultura para se tornarem coisas vivas, que tocam ao coração e falam ao íntimo da pessoa. Então, Deus se torna o Pai "nosso"; Cristo, "meu" Senhor; e o Espírito, o "coração de nosso coração".

Intenção deste trabalho

Neste escrito, queremos sugerir um método particular de meditação. Coisas desse gênero não se nasce sabendo, mas se aprendem. Na vida espiritual é preciso, primeiro, deixar-se instruir sobre as coisas de Deus, para depois experimentá-las por própria conta. Importa partir da base sólida da grande Tradição, a fim de garantir a autenticidade da própria caminhada, e não se perder em autoenganos.

Daí também a importância de um diretor espiritual, ao qual prestar submissão e obediência. Às vezes, contudo, um bom escrito pode fazer o papel do diretor vivo, que ainda não se tenha encontrado. Seja como for, com um individualismo presunçoso, como é frequente hoje, não se vai longe na vida espiritual[10].

Dirigimo-nos aqui não aos "profissionais de Deus", como os monges, os religiosos e outras pessoas maduras, mas antes aos **iniciantes** da vida espiritual e talvez também aos progredidos, na medida em que queiram se aprimorar nesta vida.

As fases da vida espiritual e a meditação

Para entendermos de meditação e de seus métodos, precisamos falar das várias etapas da vida espiritual. De fato, a meditação acompanha o crescimento da vida espiritual de cada um. Em verdade, convém se nutrir segundo a própria capacidade, como ensina S. Paulo: para os que são "crianças" no Espírito, basta o "leite"; já para os "crescidos", é preciso "alimento sólido" (1Cor 3,2; cf. Hb 5,12-13; 1Pd 2,2). Sto. Inácio também insiste nisso:

> Os exercícios espirituais hão de se adaptar às condições das pessoas [...], conforme a ida-

---

10. Cf. RAGUIN, Y. **A direção espiritual**. São Paulo: Paulinas, 1988, p. 92-98. Esse jesuíta francês é um experimentado orientador espiritual, que viveu muitos anos em Taiwan e que procurou unir as vias espirituais do Ocidente com as do Oriente.

de, a instrução e o engenho [...]. Pois não se deve dar a quem é rude ou de pouca capacidade coisas que não possa levar de modo descansado e com elas aproveitar[11].

Ora, segundo uma sólida tradição, o caminho da vida espiritual segue três etapas, correspondendo às não menos tradicionais "três vias". É preciso saber que este esquema vale só em tese; na prática, as etapas indicadas podem se acavalar, mudar de ordem e até mesmo se inverter. Eis essas fases:

1) A fase dos **principiantes** (ou iniciantes ou ainda incipientes) corresponde à via **purgativa**. A meditação aqui é **reflexiva** ou discursiva mais do que afetiva ou contemplativa. Trata-se de **conhecer** mais e melhor a Deus e a si mesmo a fim de mais intimamente aderir a Ele. É uma via acentuadamente **negativa**, de luta contra o **pecado** e contra as más inclinações. Aqui você busca se purificar e se desapegar de tudo o que o afasta de Deus. Segundo S. João da Cruz, a alma é aqui submetida à 1ª noite, a "noite dos sentidos" (exteriores): o olhar, o ouvir, o tocar etc. Referindo-nos aos "três beijos" em Deus, de que fala S. Bernardo (e também outros místicos, como Joaquim de Flore, Ângelo Silésio, S. Francisco de Sales), poderíamos dizer que esta é a etapa do "beijo nos pés" do Senhor[12].

2) A fase dos **adiantados** (ou progredidos ou ainda proficientes) corresponde à via **iluminati-**

---

11. **Exercícios espirituais**, anotação 18a.
12. Cf. S. BERNARDO. **Sermons sur le Cantique**. T. I. Paris: Cerf, 1996, [Sermões III e IV – Col. Sources Chrétiennes, 414].

va. Aqui a meditação é ainda reflexiva, mas já desenvolve mais os **afetos**. É uma via mais **positiva**: você quer agora adquirir as **virtudes** que o aproximam de Deus. Mais que fugir do pecado, você **busca** positivamente a Deus e seu bem-querer. Aqui você entra na 2ª noite, a "noite do espírito". Esta, através da aridez espiritual, purifica a mente e suas faculdades (inteligência, vontade e imaginação) para o encontro com Deus. É, na linguagem de S. Bernardo, a etapa do "beijo nas mãos" de Deus.

3) A fase dos **maduros** (ou adultos ou ainda perfeitos) corresponde à via **unitiva**. Nessa etapa, você só quer buscar o **Amor** de Deus e nada mais. Sua meditação é de tipo quase só afetivo e contemplativo. É a "oração de quietude", consistindo num "simples olhar a Deus", numa "atenção amorosa" a Ele, num "ficar em Sua presença", sem pensamentos nem afetos particulares, mas em "clima de amor", feito de comunhão, paz e "repouso em Deus". Aqui vai-se entrando na 3ª noite, noite divina, que é a noite da união, onde brilha a "chama de amor viva" (nome de um poema de S. João da Cruz) e se entoa o "cântico espiritual" (título de outro poema do mesmo doutor). É a etapa do "beijo nos lábios" do Senhor[13].

---

13. Para as três vias clássicas, cf. GARRIGOU-LAGRANGE, R. (OP). **Le tre età della vita interiore.** Turim: Berruti, 1949-1953, 5 v. em 4 tomos [orig. franc., Paris: Cerf, [s.d.]); e TANQUEREY, A. **Compêndio de teologia ascética e mística**. 4. ed. Porto: Livraria Apostolado da Imprensa, 1938, p. 397ss. [reed. esp. pelas Ed. Palabra, Madri, 1996). Este livro, escrito em 1924, mas ainda muito válido, mostra claramente que o modo de meditação progride em função das diferentes etapas da vida espiritual.

Os que estão despertando hoje para a busca de espiritualidade

Talvez convenha colocar hoje uma etapa ainda **anterior** à primeira indicada acima. É a etapa **preparatória** à caminhada espiritual. É onde se situa um sem-número de pessoas que estão **despertando** para a vida interior. Trata-se dessa multidão de pessoas que, depois de um longo jejum de espiritualidade sob a férula do racionalismo secularista, descobriram a espiritualidade e entreviram suas maravilhas. Não começaram ainda realmente uma caminhada espiritual. Acordaram apenas para ela. São como Moisés no alto do monte Nebo: ainda não entraram propriamente na Terra Prometida, mas puderam entrever sua beleza e prelibar o leite e o mel que nela escorrem.

Falamos dos numerosos leitores dessa torrente de literatura espiritualista e de autoajuda que abarrota hoje as livrarias. Embora devamos nos precaver desta pletórica produção "espiritual", por resvalar facilmente para a banalização e o charlatanismo, não se pode desprezar o interesse que milhões de pessoas manifestam por ela. A sede dessa gente representa uma reação sadia; perigosa é a bebida que muitas vezes é oferecida. A questão não é afastar as pessoas desta literatura, mas orientá-las para que escolham os livros mais adequados (como Anselm Grün e mesmo Paulo Coelho). Trata-se de uma literatura que, ao modo de aperitivo, desperta o apetite espiritual e que, por outro lado, já oferece algum alimento leve para estômagos ainda fracos.

Meditação, mais que mera reflexão, é buscar a união com Deus

Entendemos aqui "meditação" no sentido largo, sentido que inclui tanto a "oração mental" quanto a "contemplação". "Oração mental" ou "oração interior" é uma forma de oração que se passa no coração. É distinta da "oração vocal" ou recitada, como, por exemplo, o Ofício divino, o Rosário e outros exercícios de piedade.

Quanto à "contemplação", ela não seria, rigorosamente falando, a meditação pura e simples, mas a fase mais **avançada** da meditação, quer se trate de "contemplação adquirida" quer de "contemplação infusa" ou "mística". A contemplação se caracterizaria pela superação de toda imagem e pensamento, ficando-se no puro "ver" a Deus, na "atenção amorosa" de sua Presença, no contemplar seu Esplendor como os Apóstolos no Tabor (cf. Mt 17,1-9). Segundo a definição dos grandes Mestres espirituais, contemplação é a "simples intuição da verdade" (Pseudo-Dionísio); a "admiração da majestade" divina (S. Bernardo); em breve, a visão de Deus como "visão da pessoa mais amada" (S. Gregório Magno)[14]. Um mestre

---

14. Sto. Tomás de Aquino recolhe todas essas definições na **Suma Teológica**, II-II, q. 180, a. 3, c. e ad 1 (para o Pseudo-Dionísio), a. 3, praet. 3 (para S. Bernardo) e a. 7, ad 1 (para São Gregório Magno).

moderno, Thomas Merton, fala da contemplação como o "tranquilo abraço de amor" entre a alma e seu Deus[15].

Ora, neste escrito, quando falamos de "meditação", incluiremos a contemplação como seu desenvolvimento extremo ou seu estágio culminante[16]. Não distinguiremos, por ora, meditação e contemplação, antes as aproximaremos. Isso para distingui-las da "mera reflexão". Tal distinção deve ser hoje enfatizada, pois, infelizmente, confunde-se muitas vezes meditação com reflexão. De resto, como veremos, essa inflexão da meditação para a reflexão na história da espiritualidade acompanhou o desenvolvimento extremo a que chegou a razão no Ocidente, a ponto de caracterizá-lo como "racionalista". Para sermos mais precisos, devemos falar aqui em "mera reflexão", para distingui-la da "reflexão devota", que pode ir muito bem com a meditação, sobretudo no começo da via espiritual, como diremos logo. Se quisermos pensar num gradiente, teríamos que colocar, primeiro, a "mera reflexão", depois a "reflexão devota", em seguida a meditação e por fim a contemplação.

Expliquemos, agora, a diferença decisiva entre meditação e "mera reflexão". Nesta, seja ela

---

15. Cf. MERTON, T. **Direção espiritual e meditação**. Petrópolis: Vozes, 1965, p. 117-118.

16. Para a distinção conceitual dessas duas noções, cf. os verbetes "meditação" e "contemplação" no **Dicionário de espiritualidade**. São Paulo: Paulus, 1993 (por Ch. A. Bernard); e também no **Dicionário de mística**. São Paulo: Loyola/Paulus, 2003 (por L. Borriello e M. Herraiz, respectivamente).

filosófica ou teológica, existe a **separação** entre o sujeito e o objeto. Tal separação é levada ao extremo no processo de tipo científico, embora aí mesmo nunca chegue a ser total. Na meditação, ao contrário, e mais ainda na contemplação, visa-se essencialmente a **fusão** entre o sujeito e o objeto (que é, em verdade, um "sujeito")[17].

A base da diferença entre reflexão e meditação é o fato de que, pela reflexão, o sujeito entende **conhecer** um objeto. Este se coloca como que **diante** dele. *Ob-jectum* em latim é o que está "jogado à frente"; *Gegen-stand* em alemão é o que "está à frente". Em contrapartida, a meditação visa não o conhecimento, mas a **união** de amor. Na meditação, o sujeito está autoimplicado em seu "objeto" (= um sujeito vivo). Este está precisamente não diante, mas como que **dentro** do próprio sujeito meditante, em seu coração. Poderíamos, assim, dizer que a mera reflexão se faz com o cérebro, enquanto que a meditação se faz com o coração.

A diferença entre a reflexão ativa e a meditação contemplativa (sem imagens e pensamentos) pode ser cientificamente comprovada pela diversidade de "ondas cerebrais" que uma e outra emitem: enquanto o pensar ativo emite ondas "beta" (de 13 a 26 ciclos por segundo), o meditar relaxado e tranquilo faz baixar a fre-

---

17. Cf. MERTON, T. Op. cit., sobre a meditação p. 59-126, insistindo em sua diferença em relação à mera reflexão. A nosso ver, porém, Merton descarta com demasiada facilidade a utilidade da reflexão no processo da meditação.

quência para as ondas "alfa" (de 8 a 12 ciclos; já os ritmos "theta", de 4 a 8 ciclos, são associados à sonolência; enfim, os ritmos "delta", de 1 a 4 ciclos, são os do sono profundo)[18].

A reflexão devota: necessária para assentar a caminhada espiritual

Contudo, a meditação não refoge totalmente da reflexão. De fato, para quem está nos **começos** da via do espírito, a meditação é e deve ser mais **reflexiva**. Trata-se, então, de **discorrer** acerca da Palavra de Deus, de aprofundar seu sentido, enfim, de apreender interiormente as riquezas do Mistério em foco. Não que a meditação para os principiantes deva consistir só em reflexões, deixando de lado os afetos; mas certamente boa parte do tempo da meditação se ocupará com pensamentos, os quais despertarão em seguida os sentimentos e propósitos, que são, no final das contas, o que realmente importa.

Na verdade, é mister colocar na base da vida espiritual uma **doutrina** segura. Antes de adentrar na experiência espiritual, é preciso adquirir **convicções** sólidas sobre a realidade divina. Pois a experiência que se faz de Deus é determinada pelo conhecimento que se tem dele. O cristão

---

18. Cf. JOHNSTON, W. **Música silenciosa**. Op. cit., p. 31-49, mostrando em detalhe os resultados das pesquisas neurofisiológicas, feitas com o uso de eletrodos, relativas aos vários estados de consciência, especialmente no momento da meditação.

não busca um Divino vaporoso e genérico, talhado segundo os gostos subjetivos. Ele quer, antes, unir-se ao Deus **revelado** em Jesus Cristo. A espiritualidade cristã depende do Dogma cristão. Se é assim, impõe-se, nos inícios da via espiritual, a necessidade de refletir pia e devotamente sobre as verdades da fé, a fim de assentar o próprio edifício espiritual sobre bases sólidas.

É preciso, contudo, dizer que a reflexão que se faz na meditação é uma "reflexão **devota**". Ela é toda atravessada de espiritualidade. Ela entende a conhecer **amorosamente** a Deus, a fim de comungar com Ele e dispor-se a fazer a sua vontade. É, pois, uma reflexão de tipo **sapiencial** e não meramente teórica ou especulativa. Por isso, a inteligência da fé, que a "reflexão devota" obtém sobre os Mistérios divinos, dá-se naturalmente no contexto da **oração**. Assim, por exemplo, o Mistério da SS. Trindade só mostra sua coerência interna, sua luz própria e sua verdade divina quando refletido por um pensar que se põe "em estado de oração"[19]. E tal é o intelecto devoto.

Deve ficar, contudo, claro que, à diferença do "mero pensar", o "pensar devoto" não só está envolvido numa atmosfera de afeto espiritual, mas ainda faz crescer este mesmo afeto. Desse modo, a meditação mais discursiva da 1ª fase da vida espiritual (via purgativa) deve

---

19. Cf. RAGUIN, Y. Op. cit., p. 39-42: "Da meditação à contemplação".

conduzir, de forma crescente, ao despertar de afetos espirituais, em breve, a "sentir" a Deus. As ideias devem ir pouco a pouco diminuindo, para dar um lugar cada vez maior aos **afetos** e aos **propósitos** de fazer o que agrada a Deus. Assim se prepara a 2ª fase da vida espiritual (via iluminativa), onde a meditação comporta uma certa mistura entre pensamentos e afetos. Já na 3ª fase (via unitiva), os afetos tomam claramente a dianteira. Então, a alma não precisa mais pensar em Deus e nem mesmo explicitar seu amor por Ele. Basta-lhe estar com Deus, como que **repousando** em seu coração em paz e amor. Como se vê, a meditação vai se tornando cada vez mais contemplação pura.

Portanto, a finalidade derradeira da meditação não é ter mais ideias sobre Deus (embora, como dissemos, estas não sejam excluídas, especialmente no início). Não é também apenas buscar consolo e paz do coração (ainda que isso normalmente aconteça, como efeito colateral, como diremos logo). O que visa finalmente a meditação é crescer na **comunhão com Deus**, é aumentar nossa confiança em seu Amor, é potencializar nossa capacidade de adorá-lo, de se entregar a Ele e de fazer o que lhe é agradável. Enquanto a reflexão filosófica contenta-se com o conhecimento, a meditação quer passar do conhecimento para o amor, de tal modo que, se uma meditação não visa o amor, falhou em seu objetivo principal.

Mas, poder-se-ia ainda perguntar: Para que meditar? Não bastaria viver na graça para estar unido a Deus? Sim, mas pela meditação nos **conscientizamos** dessa união e assim a **despertamos** dentro de nós e a **aprofundamos**, de modo que se torne mais consciente, vigorosa e acesa. Assim é com o amor, como diz S. Gregório Magno: "Quando alguém vê o próprio Amado, incendeia-se ainda mais no amor por Ele"[20].

Meditação: mais para "sentir" que para saber

Fica, portanto, claro que meditação não é estudo. Não existe tanto para "saber" mais sobre Deus, quanto para "sentir" mais seu Mistério, sua Realidade abissal. Essa diferença é clara na tradição cristã[21]. Eis o testemunho do grande mestre da espiritualidade moderna, Sto. Inácio de Loyola:

> Não é o muito **saber** que sacia e satisfaz a alma, mas o **sentir** e **degustar** as coisas intimamente[22].

Falando na diferença entre "contemplação filosófica" e "contemplação teológica", Sto. Alberto Magno diz que a primeira (que chamamos

---

20. Ap. Sto. TOMÁS DE AQUINO. **Suma Teológica**, II-II, q. 180, a. 7, ad 1.

21. A diferença entre pensar e meditar é acentuada de modo extremo no hinduísmo e no budismo, especialmente no budismo *zen* (*zen* = meditação), religiões onde a meditação ocupa um lugar centralíssimo, sendo como que o grande "sacramento" de salvação ou "libertação" espiritual.

22. **Exercícios espirituais**, 2,4.

aqui "mera reflexão") fica no nível da inteligência e visa a perfeição intelectual do contemplante; enquanto a segunda (que chamamos de "meditação") passa para o coração e visa o amor do Contemplado[23]. A mesma diferença é encontrada num texto, atribuído a Sto. Tomás de Aquino:

> A vida contemplativa não tem para os teólogos e os filósofos o mesmo significado. Os filósofos colocam [...] a meta da contemplação no exercício do pensamento. Os teólogos, por sua parte, a colocam no **saborear** mais do que no pensar, mais no amor e na doçura do que na (mera) contemplação. É como se a contemplação filosófica agradasse aos olhos e aos ouvidos [...] e a contemplação espiritual, ao paladar, ao olfato e ao tato[24].

Portanto, meditar visa finalmente "degustar" a presença amorosa de Deus, ou melhor, mergulhar de "corpo e alma" em sua luz e em seu amor. Na meditação, usamos mais o coração do que a cabeça, fazendo de forma crescente apelo às chamadas "razões do coração". Digamos que fazemos então funcionar mais o "lado direito" do cérebro, responsável pelo pensar intuitivo, de preferência ao "lado esquerdo", responsável pelo pensar lógico.

---

23. Cf. *De adhaerendo Deo*, cap. IX.
24. *Expositio in Cantica Canticorum*, Paris, 1515, fol. 8, ap. FEUERBACH, L. **A essência do cristianismo**. Campinas: Papirus, 1988, p. 322-323. Esse escrito, atribuído a Sto. Tomás, não tem autenticidade garantida, o que, porém, não lhe tira a verdade e a pertinência.

Em breve e falando por contrastes, podemos dizer: meditar não é ciência, mas sapiência. Não é saber, mas sabor. Não é falar **de** Deus, mas falar **a** Deus. Não é aprender, mas experimentar. Não é raciocinar friamente, mas pensar piedosamente. Não é comer, mas degustar. Não é deglutir, mas ruminar. Não é nadar (na superfície dos argumentos), mas mergulhar (na profundidade das intuições). Enfim, não é compreender a Palavra, mas fazê-la ressoar no coração e em toda a vida.

Sublinhamos aqui o "sentir Deus" como fruto da meditação com o objetivo de superar uma ideia de meditação entendida como mero "pensar Deus". Antes de ser doutrina, culto e mesmo moral, o cristianismo é experiência.

O deleite espiritual é efeito não finalidade da meditação

É preciso, contudo, tomar cuidado para não praticar a meditação principalmente com a intenção de "sentir" Deus. O gosto por Deus na meditação é apenas seu resultado objetivo. A intenção autêntica ou a finalidade da meditação é unir a alma a Deus. É como no comer: o que se intenciona verdadeiramente no ato de pôr-se à mesa é refazer as energias físicas. Esse ato, por certo, vem normalmente acompanhado pelo prazer da comida. Mas buscar principalmente isso é gulodice.

Portanto, é preciso não confundir, na meditação, o **resultado** concreto, que é o deleite espiritual, com o **fim** autêntico, que é a união com Deus. É este último que mais importa. A rigor, o homem espiritual não procura tanto a **experiência** de Deus, quanto **Deus** mesmo. Fixar-se compulsivamente na experiência é uma forma de egoísmo, embora refinada e espiritual, pois aí o que se busca finalmente é o próprio eu, de modo que Deus se torna puro meio e o eu, o fim.

Quem não vê que se dá aí uma perversão sutil e enganosa? O egoísmo, também em sua forma espiritual, é a raiz de todos os pecados, como sabem os grandes Mestres espirituais, especialmente os do Oriente[25].

É preciso, pois, cuidar para que, buscando sempre e obsessivamente "experimentar" Deus, não se acabe prisioneiro no círculo estreito do próprio eu, do "eu pequeno", do "eu odioso" (Pascal). Ora, sabemos que nosso "eu" é o maior obstáculo para chegarmos a Deus. Em verdade, nosso "eu" mais íntimo e autêntico é

---

25. Cf., por ex., o clássico estudo de HAUSHERR, I. "Philautie: de la tendresse pour soi à la charité selon saint Maxime le Confesseur". **OCA**, 137, Roma 1952 [trad. ital. Ed. Qiqajon, Bose/Magnano - BI, 1999). Isso não vale somente para Máximo o Confessor, mas também para outro grande mestre espiritual, Evágrio do Ponto. De resto, que o egoísmo seja a causa de todos os males morais e espirituais é um lugar comum de toda a sabedoria antiga, como se vê, por ex., em Platão (**Leis**, V, 4), em Aristóteles (**Ética a Nicômaco**, IX,8) e como vem confirmado por Santo Tomás: "O amor de si é o princípio comum dos pecados": **Suma Teológica**, II, q. 153, a. 5, ad 3. Isso não exclui que possa existir um legítimo egoísmo, uma justificada autoestima ou um autêntico "amor de si", que é o do nosso "eu melhor", o "eu superior", "divino" "ideal" ou ainda "crístico", exatamente na linha do que disse S. Paulo: "Não sou eu que vivo, mas é Cristo que vive em mim" (Gl 2,20).

Deus mesmo, como o sentiu S. Paulo com as palavras: "Não sou eu que vivo, é Cristo que vive em mim" (Gl 2,20).

Mas, então, a experiência ficaria excluída? Em absoluto! Apenas não é buscada por si mesma. A experiência não é um **fim**, pelo menos não o principal, é antes um **efeito**. A intenção do homem espiritual é Deus. A experiência vem como por acréscimo. É um dom ao qual não devemos nos agarrar.

Assim é também com a experiência do amor humano. Que busca o verdadeiro amante senão a própria amada? O que ele quer é a pessoa por ela mesma e não o prazer que ela pode lhe proporcionar. Se a relação dá prazer, ótimo; se não dá, ama-se assim mesmo. Ora, se isso vale no nível humano, *a fortiori* na relação espiritual[26].

Experiência psicológica e experiência espiritual

Mas falando em "sentir" (ou "experimentar") Deus, é oportuno aqui distinguir entre um sentir verdadeiramente espiritual ou místico e um sentir meramente emocional, psicológico ou

---

26. Agora, se perguntamos por que o amor divino (e também o humano) muitas vezes não é acompanhado de prazer sensível, desarmonia essa que não parece normal, obtém-se luz apelando para o pecado original enquanto introduziu um vírus de divisão e conflito em todos os níveis, inclusive no antropológico. Só no Paraíso Adão e Eva amavam a Deus com gozo total e puro, "passeando" com Ele "pelo jardim, à hora da brisa da tarde" (Gn 3,8). Para nós, isso só será plenamente possível no Paraíso reencontrado (Ap 22,1-4).

simplesmente "sensível". Aquele é profundo e consistente, este é superficial e passageiro.

De fato, nossa interioridade é um universo complexo, no qual podemos distinguir duas camadas principais, uma superficial e outra profunda, camadas que o NT chama respectivamente de "alma" e de "espírito"[27].

1. A "alma" (*psiché*) é a esfera dos sentimentos e de toda sorte de impressões. É o mundo em que se move o "homem psíquico", na terminologia de S. Paulo (cf. 1Cor 2,14; 15,45-46). Essa camada superficial de nosso "eu interior" corresponde ao "coração" de nossas novelas.

2. O "espírito" (*pneuma*) é a parte central (ou superior) da alma, lá onde o homem se abre para o Transcendente. É a esfera da vontade ("eu quero"); mais: da intuição mística ("eu percebo"); mais ainda: da fé e do amor ("eu creio", "eu amo"). Esse é o mundo do "homem pneumático" e corresponde ao "coração" de que fala a Bíblia.

Distinguir entre "psique" e "espírito" ajuda a não confundir espiritualidade com mero psicologismo, ou seja, a não tomar simples emoção religiosa por autêntica experiência espiritual[28]. Isso, contudo, não quer dizer que, na experiência espiritual, *psiché* e *pneuma* não possam

---

27. Cf. 1Ts 5,23: tripartição "corpo, alma e espírito"; Hb 4,12: "alma e espírito".
28. Cf. RAGUIN, Y. **A direção espiritual.** Op. cit., p. 9-10 e 55-56, insistindo muito nesta distinção.

se conciliar e até mesmo coincidir. Seria até o ideal, embora isso nem sempre ocorra.

A diferença entre essas duas camadas de nossa "experiência" pode ser claramente observada no amor humano. Efetivamente, como se "sente" ou se "experimenta" o amor intersubjetivo? Fundamentalmente de dois modos: seja no modo da **paixão** (e mais ainda do prazer sexual) – e é o amor-eros; seja no modo do **bem-querer**, feito de ternura, compreensão, doação e fidelidade até o sacrifício de si – e é o amor-ágape. O primeiro sentimento é forte, mas superficial; já o segundo é profundo e consistente.

A sabedoria popular sabe muito bem a diferença entre mera "paixão" e "amor" para valer. Sabe também que o amor homem-mulher, embora sentido com intensidade, não tem a mesma profundidade e pureza que o amor mãe-filho.

O mesmo vale para o amor de Deus, núcleo central de toda "experiência" espiritual. Que é "sentir" o amor de Deus? É apenas "sentir emoções" ou não é antes "sentir" a interpelação, às vezes dura, de sua vontade santíssima (o *tremendum*) e ao mesmo tempo a atração, tantas vezes suave e íntima, de sua graça misericordiosa (o *fascinosum*)?

Compreende-se que os dois níveis de experiência de que falamos nem sempre coincidem. "Experimentar" Deus em profundidade pode se dar junto com o sentimento de aridez do coração. É o paradoxo da "experiência da não experiência". De fato, também aí se faz uma experiência de Deus – a do Deus *absconditus*. É como sucede no amor: o amado pode ser sentido de dois modos: como **presença**, e é a "experiência da alegria", mas também como **ausência**, e é a "experiência da saudade".

O mesmo se também dá com o pão: eu o "experimento" não só sentindo seu sabor ao comê-lo, mas também sentindo sua falta quando tenho fome. Assim também, posso experimentar Deus ora como cheio, ora como vazio, seja na forma da presença, seja na da ausência, tanto como o Pai que consola, quanto como o Senhor que ordena[29].

Aridez espiritual

O fato é que na meditação nem sempre se experimenta deleite meramente sensível. É quando surge a **aridez espiritual**, também chamada "secura do coração" ou "desolação da alma". Isso, porém, acontece não por causa de Deus, cujo mistério "contém em si todo sabor", mas por causa de nosso paladar espiritual, que é ainda muito grosseiro. Com o progresso interior, o paladar se educa e a alma acaba apreciando

---

29. No limite, é impossível não fazer experiência alguma de Deus, no sentido de não sentir absolutamente nada a respeito dele, ou seja, ser totalmente indiferente frente a esta Realidade suprema, como quando alguém diz: "Deus? Que é isso?" O que pode haver de fato é uma fuga frente a esta experiência inelutável ("Deus? Deixe pra lá!") ou, pior, sua repressão ativa ("Deus? Não quero saber disso!").

"quão suave é o Senhor" (1Pd 2,3 = Sl 33,9)[30]. A experiência de Deus é, em princípio, prazerosa. Somos nós que não sabemos apreciá-la.

As chamadas experiências sensíveis ou as "consolações do coração" são recorrentes na caminhada espiritual e são particularmente intensas em sua etapa inicial. Com elas Deus educa a alma ao desapego dos prazeres inferiores, para abri-la a delícias espirituais cada vez mais elevadas.

Mas chega sempre, mais cedo ou mais tarde, a hora da "aridez". Esta tem um efeito análogo ao desmame: preparar a alma para alimentos mais sólidos e também para gostos mais refinados. Disse o grande místico sufi Rumi: "Aprenda, criança, a **desgostar** do leite, para **degustar** o vinho"[31].

A natureza também nos instrui sobre isso: para que venha a floração da primavera, é preciso que antes aconteça o inverno, que desfolha tudo. Os "invernos da alma" preparam uma seara fecunda. É a sabedoria dos agricultores que cultivam trigo, quando dizem: "Sob a neve, o pão".

Por conseguinte, mesmo quando não sentimos prazer emocional, devemos continuar fir-

---

30. Sempre que neste escrito citarmos os Salmos, o faremos pela numeração da Vulgata, que é a da tradição litúrgica.

31. Aqui *ad sensum*, pois a versão literal traz: "Vem do leite da mãe / o primeiro gozo da criança; / mais tarde o prazer virá / do doce sabor do vinho": RUMI, Jalal ud-Din. **Poemas místicos**. São Paulo: Divan de Shams de Tabriz, Attar, 1996, p. 136. Esse é um livro pertencente ao gênero da "mística nupcial", com grande poder encantatório, enquanto induz de modo eficaz à contemplação.

mes na meditação, pois o que buscamos finalmente não é o deleite espiritual, mas a Deus e sua Palavra. Esta sempre confere as vitaminas necessárias ao nosso organismo espiritual, embora nem sempre sintamos gosto nisso.

É também o que acontece com certos doentes: mesmo quando não sentem apetite algum, sentem, contudo, que precisam comer, pois sabem que não é o sabor que sustenta o corpo, mas a comida. O sabor é só isca para algo de mais vital, que é a própria comida. Efetivamente, espiritualidade é questão de vitaminas e não de temperos. Ela está mais para a dietética do que para a culinária. Por outras: a vida espiritual pertence mais à ordem do regime alimentar que à da arte dos condimentos.

Ora, à medida que crescemos em graça, vamos tendo para com Deus um amor cada vez mais puro, menos ligado ao eu e aos seus gostos. É o que sucede também no evoluir do amor conjugal: o amor "físico" cede, para sobressair o amor "ternura". De carnal, o amor se faz mais espiritual. Deste modo, vamo-nos purificando de todo apego egoísta, na linha do que ensinava o grande F. Fénélon (†1715):

> O Amor puro não se ocupa nem do gosto, nem da pena, nem da recompensa e nem mesmo do seu amor, mas tão somente do seu Bem-Amado[32].

---

32. Cf. SALIN, D. (SJ). "Autour du quiétisme. Le 'crépuscule des mystiques'". **Christus** (Paris), n. 182 (1999), p. 172-183.

No deserto, continuar "caminhando e cantando"

Portanto, nos períodos de "inapetência do coração", você não pode desanimar. Mesmo que só consiga gritar "Deus, Deus, Deus", saiba que basta este suspiro ou gemido da alma para mostrar que você está à Sua procura.

Essa é uma experiência que vários Salmos registram. "Como a cerva anseia pelas águas correntes, assim suspira minha alma por vós, ó meu Deus" (Sl 41,2). "Sois vós, ó Senhor, o meu Deus! Desde a aurora, ansioso, vos busco. A minha alma tem sede de vós, como terra sedenta, sem água" (Sl 62,2; cf. Sl 142,6).

Repetimos: o que mais importa na meditação e na oração em geral é nutrir o espírito e não satisfazer o paladar. Se o apetite espiritual vem a faltar, tomemos assim mesmo o alimento da Palavra, sabendo, como se diz, que "o apetite vem comendo".

Portanto, o mais importante na vida espiritual não é "sentir" Deus no sentido de ter emoções, mas é ter amor por Ele. E amar a Deus é **querer** amá-lo, é querê-lo com todas as nossas forças. Vida espiritual é mais questão de vontade que de sentimento. Ora, o sentimento nem sempre depende de nós, enquanto a vontade, sim.

A verdade é que, com o tempo, o sentimento acaba seguindo a vontade, como seu acompanhante natural. Mas não é isto que propriamente interessa, mas sim querer a Deus para além e mesmo apesar de nossas emoções passageiras e de nossos sentimentos superficiais.

Relação da meditação com a leitura espiritual e com a *lectio divina*

É útil aqui ver a distinção e ao mesmo tempo a relação que podem existir entre, de uma parte, a meditação e a **leitura espiritual** e, de outra, a meditação e a *lectio divina*.

1) **Leitura espiritual**. Trata-se aí não tanto de meditação, mas de instrução ou reflexão sobre questões da vida espiritual.

Na literatura espiritual encontramos, contudo, não só livros para instruir, mas também livros para despertar, enquanto induzem quase espontaneamente à meditação. Nesse caso, a própria leitura reflexiva se abre para a meditação como busca de Deus e de sua comunhão de amor. A leitura então já não é mais simples leitura espiritual, mas pode se tornar "leitura orante"[33].

2) *Lectio divina*. Consiste numa leitura meditada e rezada da Palavra de Deus, na qual se procura "assimilar" na alma e na vida a mensagem lida.

---

33. Cf. VV.AA. "Lectio divina et lecture spirituelle". In: **Dictionnaire de Spiritualité.** Vol. IX. Paris, 1976, coll. 470-496. • LECLERCQ, J. "Lectio divina". In: **Dizionario degli Istituti di Perfezione.** Vol. V. Roma: Paoline, 1978, p. 561-566. • MAGRASSI, M. **Bibbia e preghiera. La lectio divina.** 8. ed. Milão: Àncora, 1990.

Como é o método da *lectio*? A forma clássica, seguida pela tradição monástica medieval foi formalizada no século XII pelo cartuxo Guigo II em sua famosa carta "A escada dos monges"[34]. Estabelece aí os "quatro degraus" da *lectio divina*: (1) *lectio* (leitura), com sua explicação, (2) *meditatio* (meditação), (3) *oratio* (oração) e (4) *contemplatio* (contemplação)[35].

O método da *lectio* é usado o mais das vezes de modo **comunitário**, quando então se segue normalmente o percurso acima indicado. Mas a *lectio divina* pode ter também um uso **individual**, correspondendo, nesse caso, a um método de meditação, aliás, excelente e, além disso, comprovado.

Observemos que os degraus da *lectio* não estão justapostos, mas entrelaçados, de modo que

---

34. GUIGO II et al. **Lectio divina:** ontem e hoje. Juiz de Fora: Mosteiro de Santa Cruz, 1999, contendo a famosa carta (em ital.: GUIGO IL CERTOSINO. "La scala di Giacobbe". In: **Tornerò al mio cuore**. Bose: Quiqajon, 1987, p. 27-41). Para a atualização da *Lectio divina*, cf. MASINI, M.M. (OSM). **La lectio divina**. Madri: [s.e.], 2001 [Col. BAC/Estudios y ensaios/Espiritualidad 18]. Do mesmo autor existe sobre o mesmo tema um tratado menor e mais prático: **Lectio divina**. Cinisello Balsamo (MI): San Paolo, 1997. Cf. ainda o excelente livreto de COLOMBÁS, Dom García M. (OSB). **Diálogo com Deus**: introdução à "Lectio divina". 2. ed. São Paulo: Paulus, 1996; e também SUÁREZ, P. (OSM). **La "lectio divina" en el origen de los hermanos menores y de los Siervos de Santa Maria**. Santiago de Chile: Cefepal, [s.d.], trazendo em apêndice o célebre texto de Guido II.

35. M. MASINI sugere que, no percurso clássico da *lectio*, é possível incluir mais dois momentos: a *collatio* ou *confabulatio*, isto é, a partilha fraterna – isso depois da *meditatio*; e finalmente a *operatio*, que consiste num propósito concreto em ordem ao cumprimento da Palavra meditada – isso depois da *contemplatio* e como fechamento de toda a *lectio*.

a fase da "meditação", que nos interessa mais diretamente aqui, pode se desdobrar em "oração", como também pode se prolongar em "contemplação", enquanto simples "estar na presença de Deus", em confiança, amor e paz.

Assim, o método de meditação que propomos aqui, além de constituir um método à parte, pode muito bem ser integrado na *lectio divina*. Como? Explicitando melhor o modo de operar do segundo momento, chamado justamente de *meditatio*, enquanto indica para o mesmo a técnica da "ruminação", que, como veremos, é tradicionalíssima.

Entender melhor a dinâmica própria da meditação é tanto mais necessário quanto mais constamos que na *lectio divina* existe a tendência (coisa da moderna cultura racionalista) de privilegiar a dimensão reflexiva em lugar da propriamente meditativa. Isso se nota já no primeiro momento da *lectio*, quando a explicação do texto bíblico apresenta mais um caráter exegético-científico que sapiencial. Pior, o espaço que esse momento inicial ocupa é tão grande que por vezes a *lectio divina* não passa disto: uma conferência bíblica, seguida de "partilha" (mas nem sempre, pois acontece que a explicação é tão longa que dispensa tudo o mais, até mesmo a simples *oratio*).

Mas a mania reflexiva faz pior ainda: penetra e subverte o próprio momento da *meditatio*, a qual acaba se tornando mera continuação, agora em nível individual, da reflexão inicial.

Então, quando se chega à *oratio*, por falta justamente de uma assimilação meditativa da Palavra, os pedidos são fracamente personalizados, ressentindo à formalidade. O último momento, a *contemplatio*, naturalmente, é quase sempre omitido. E se compreende perfeitamente, pois, se a semente da Palavra não brota na *meditatio*, como pode florescer na *contemplatio*?

Verifica-se, pois, que o elo mais fraco da *lectio divina* hoje é a *meditatio*[36]. As comunidades cristãs aprenderam passavelmente a estudar e a rezar a Palavra (*lectio* e *oratio*). O que lhes falta agora é realmente meditar e contemplar a Palavra (*meditatio* e *contemplatio*). Esperamos que este livreto contribua a dar ou, melhor, a restituir o devido valor a esses dois momentos, em verdade determinantes.

As preparações para a meditação

Antes de apresentar o método, é útil indicar algumas condições prévias da meditação, ou seja, tudo aquilo que se refere à sua **preparação**, pois as coisas importantes se preparam. É a "fase de aquecimento" do organismo espiritual. Portanto, quanto aos prolegômenos de uma boa meditação, convém estar atento aos seguintes pontos:

---

36. A nosso ver, os especialistas da *lectio divina* nem sempre dão a devida importância ao caráter específico da *meditatio*, que é o da "ruminação" assimilativa.

1) **Disposição de fundo**. Entrar em clima de meditação com o coração pronto, e não como quem vai cumprir apenas um dever ou enfrentar uma coisa difícil, complicada, maçante e até inútil. Vai-se antes à meditação como quem vai conversar com uma pessoa querida. E não o é efetivamente o Pai? Mas Ele é ao mesmo tempo Senhor. Daí também o sentido da reverência e da devoção. Tinha razão o famoso guru Maharishi, fundador da "meditação transcendental", de dizer que vamos meditar não por ascese, mas para encontrar alegria e beatitude, pois tal é em verdade a natureza da mente e é isso mesmo que Deus é e quer para nós[37].

Vamos, pois, à meditação como o sedento que se aproxima das fontes da Vida ou como o faminto que se senta à lauta mesa da Palavra divina, ou simplesmente como quem vai passear com Deus no Paraíso, como sugere Sto. Ambrósio[38]. Estando para começar a meditação, pode-se também pensar assim: "Como vou às aulas no colégio ou na faculdade, agora vou à 'aula de Deus'. E é apenas uma hora. Quero ser um aluno aplicado de Cristo, procurando realmente escutar seu Espírito e aprender sua Palavra. Ponho-me à sua disposição. Que Ele me dê a lição que quiser. Que me discipline e corrija como achar melhor".

---

37. Cf. VANNUCCI, G. (OSM). **La ricerca della parola perduta**. Milão: Cens, 1986, p. 139.

38. "Quando leio as Escrituras, Deus mesmo passeia comigo no Paraíso": *Ep* 49,3.

2) **Lugar**. Jesus se retirava para o deserto (Mc 1,12-13), para lugares afastados (Mc 1,35; Lc 5,16), para a montanha (Lc 6,12; 9,28), para o Jardim das Oliveiras (Mt 26,30). Cada um verá onde consegue rezar melhor: na capela, no quarto ou andando pelo jardim.

3) **Tempo**. Cristo se levantava de madrugada para rezar (Mc 1,35). Passava mesmo a noite inteira em oração (Lc 6,12). Para você, em que momentos a meditação pode-lhe ser mais proveitosa? As primeiras horas do dia são, por tradição, as mais favoráveis à meditação. Seja como for, é necessário fixar um tempo determinado para a meditação e ater-se fielmente a ele. No começo pode ser breve (10 ou 15 minutos), aumentando-se a duração, até chegar a meia hora por dia, como mínimo.

4) **Relativo bem-estar físico**. É vidente que se nosso corpo não está em forma (doença, cansaço, dor de cabeça, má digestão etc.) será difícil meditar. Mas não é de todo impossível. Nesse caso, nosso modo de meditação terá a forma da entrega serena, da paciência e da união silenciosa com Cristo sofredor.

5) **Serenidade interior**. Impossível meditar com o coração emocionalmente inquieto e perturbado. Por isso, antes da meditação é preciso dispor o coração na paz, acalmar as paixões, especialmente a raiva e a concupiscência[39]. Como

---

39. Cf. Sto. TOMÁS DE AQUINO. **Suma Teológica**, II-II, q. 180, a. 2, c.: "Tanto a veemência das paixões como os tumultos exteriores [...] impedem o ato da contemplação".

poderá meditar direito uma pessoa ressentida ou então tomada por uma violenta paixão? Mas também as preocupações cotidianas podem atrapalhar, como Jesus mesmo adverte na parábola da semente (cf. Mc 4,19). Só o "coração puro", livre de apegos e sobretudo da sensualidade, pode "ver a Deus" (Mt 5,8; cf. Hb 12,14).

Entretanto, nada impede mais a serenidade interior do que uma vida moral desordenada, a menos que a pessoa entre em meditação com o objetivo de buscar o próprio aperfeiçoamento moral e espiritual. Pois, sem essa intenção, a meditação será tão somente um entorpecente, mero tranquilizante psicológico. Tal pessoa será como uma criança caprichosa, que só quer colo, e nada de obediência. Para mostrar que a moral antecede à mística e que é impossível esta última sem a primeira, ensinava S. Gregório Magno: "Os que pretendem chegar aos cumes da contemplação, exercitem-se primeiro nas planícies da ação"[40].

6) **Silêncio exterior**. Como meditar no mundo moderno, invadido por ruídos de toda sorte: máquinas, carros, telefone, sirenes, música e até rajadas de metralhadora? O barulho chegou hoje a ser um problema social: é a "poluição acústica". Afirmava com razão o poeta Pe. Turoldo: A nossa é uma "época de barulho, na qual

---

40. Ap. ID. Op. cit., II-II, q. 182, a. 3, sed contra: *qui contemplationis arcem tenere desiderant, prius se in campo operis per exercitium probent*.

sempre vem a faltar a contemplação"[41]. Como pode Deus aparecer e falar no meio da agitação ruidosa das cidades modernas? Sabemos que Ele se revela na "brisa leve", como aconteceu com Elias no cume solitário do Horeb (1Rs 19,12). Ele nos fala nos ermos silenciosos, como se diz de Javé em relação a seu Povo-Esposa: "Vou seduzi-la, levá-la ao deserto: aí lhe falarei ao coração" (Os 2,16). Só no silêncio ouvimos bem a voz das coisas, a voz do coração e a voz de Deus[42].

Mas que fazer quando não se pode eliminar as fontes do barulho? Nesse caso, se é obrigado a usar a seguinte operação psicológica: "desligar a chave geral", quer dizer: procurar não prestar atenção ao barulho. Essa é uma técnica mental que exige certo treino. Mas, com o exercício, acaba-se não "ouvindo" mais o barulho, embora se continue a "escutá-lo", ou seja: o ruído já não mais nos incomoda por dentro, embora persista "lá fora".

7) **Silêncio interior**. É o sentido do **recolhimento**. Nossa mente, especialmente a moderna, é extremamente agitada, descontrolando-se

---

41. PRONZATO, A. & ZOIS, G. **Padre Turoldo**: il coraggio di sperare. Clusone: Ferrari, 1991, p. 88. O Pe. David Maria Turoldo (†1992), da Ordem dos Servos de Maria, foi um conhecido poeta italiano.

42. Cf. LIMA, A.A. (†1983). **Meditação sobre o mundo interior**. Rio de Janeiro: Agir, 1955, p. 67; e ainda todos os caps. IX e X, dedicados ao silêncio. Alceu foi dos maiores representantes da *intelligentsia* leiga cristã do Brasil.

com facilidade. O silêncio exterior é recomendado apenas como condição prévia para o silêncio interior. Para a pessoa se voltar para dentro, onde habita o Espírito, ela precisa se esvaziar das inquietações do dia a dia. Como pode um coração achar a Deus se está perdido para si mesmo nas distrações e inquietações? Por isso, ensina Sto. Agostinho: "O homem, para elevar-se a Deus, deve primeiro ser restituído a si mesmo"[43].

Mas na sociedade de hoje, chamada "da comunicação" ou "da informação" (uma ironia!), muitos, em vez de pensar, são pensados, seja pela mídia, seja pela internet, seja por toda a sorte de clichês circulantes. Ora, para "limpar a mente" de tudo isso, é preciso saber "des-pensar". Pois como Deus pode preencher seu coração com sua presença, se você está entulhado de mil informações, de toda sorte de fantasias e de sentimentos desencontrados? Como pode Ele estar presente a você e lhe falar, se você está ausente e distraído, perdido na barafunda de ruídos e anúncios? Só uma mente recolhida e tranquila se torna diáfana para Deus. Ela é como um lago, que só quando tem as águas paradas e calmas deixa ver os peixes e as pérolas que traz em seu fundo. Ao contrário, uma mente inquieta é como um lago agitado, lodoso e, por isso mesmo, opaco.

---

43. **Retratações** I,8.

Por conta disso, quando uma pessoa se retira para meditar, não basta sentar-se em lugar silencioso. É preciso ainda silenciar a mente inquieta, como quem para o carro e desliga o motor. Dizem os mestres hindus que a mente é como um macaco buliçoso, que vive pulando de galho em galho e fazendo toda a sorte de artes. E ensinam que, para aquietar esse bichinho impertinente, é preciso não lhe dar atenção e, além disso, dotar-se de muita paciência, até que sossegue por si mesmo. Pascal se referia à fantasia como a "louca da casa". Para lidar com ela, como para com os doidos, temos que usar de muito tato: não lhe dar importância e levá--la com jeito à porta para que se vá embora de mansinho.

Agora, para "esvaziar a cabeça", é útil fazer alguns momentos de *relax*. Uma boa técnica é o exercício budista da respiração (*anapana--satti*). A pessoa se senta comodamente, fecha os olhos e respira lentamente, concentrando sua atenção no ar que inala e exala. Você pode acompanhar este exercício, visualizando ideias positivas de luz, harmonia e paz, enquanto está inspirando; e imaginando estar expelindo tudo o que é negativo: tristeza, raiva e confusão, enquanto está expirando. Nisso pode ajudar também uma suave música de fundo. Não ter medo de "perder tempo" com esse relaxamento preparatório, pois o tempo gasto nisso é depois recuperado na meditação com um maior aproveitamento desta. O efeito desse momento de *relax* é, como diz o Salmo, "fazer calar e sossegar a alma", para sentir-se "como a criança bem tranquila, amamentada, no regaço acolhedor de sua mãe" (Sl 130,2)[44].

8) O **texto** da meditação. Não vale qualquer texto de espiritualidade. O texto deve ser bem escolhido, pois dele provém a qualidade do óleo que alimentará a chama da vida interior. Sem sombra de dúvida, o melhor dos textos de meditação é a Bíblia, especialmente os Evangelhos, como mostra a prática milenar da *lectio divina*. Jesus Cristo é, para o cristão, o grande mestre e o modelo insuperável de figura orante.

Mas há também os autores espirituais "comprovados": os Padres da Igreja (Orígenes, Sto. Agostinho, S. Gregório de Nissa, Evágrio do Ponto etc.), os grandes místicos cristãos (S. João da Cruz, Sta. Tereza de Ávila, o autor da Imitação de Cristo, os Místicos renanos, Sta. Terezinha etc.), os bons autores espirituais modernos (Ch. de Foucauld, Th. Merton, sem falar em S. Galilea, I. Larrañaga, A. Paoli, Y. Raguin, A. de Mello, o Card. Martini e outros). Existem também os espirituais das grandes tradições religiosas (Buddha, Shankara e outros sábios do

---

44. Maharishi Mahesh Yogi sugere um método mais positivo para aquietar a mente: oferecer-lhe um objeto que a encha de alegria e paz. Então ela se fixará nesse objeto, como a abelha na flor que contém néctar. Para esse guru, a questão não é de ascese e renúncia, mas de mística e alegria. Seu axioma de fundo é que a natureza da mente não é a mobilidade, mas, ao contrário, a imobilidade: ela se aquieta precisamente naquilo que a realiza: cf. VANNUCCI, G. **La ricerca della parola perduta**. Op. cit., p. 139-142.

Vedanta, inclusive os mais recentes, como Rhamakrishna, Sri Aurobindo etc., sem excluir os grandes místicos do Sufismo, como Al-Hallaj, Rumi e Ibn Arabi).

Sem embargo, todos esses autores servem melhor para leitura espiritual. Agora, para a meditação, nenhum deles supera em autoridade as Sagradas Escrituras da tradição judeo-cristã. Portanto, o cristão deve sempre preferir a Bíblia como texto de meditação e de oração. Assim, misturando oração e Palavra de Deus, isto é, rezando com a Palavra e lendo a Palavra de modo orante, ele vai crescendo em sua vida de comunhão com o Deus-Trindade.

Método de meditação: a "ruminação"

Que é método: vantagens e limites

Método é um "esquema" que dá a sucessão das etapas para se alcançar um objetivo. Para a meditação, os métodos são muitos. Mas nenhum deles pode ser **imposto** e nem deve ser **aplicado** rigidamente. Método é algo de muito pessoal. Tem que se adaptar a cada pessoa em sua singularidade.

Nesse sentido, podemos usar aqui várias comparações. O método é como um **mapa** de viagem: faz-se necessário, caso se queira saber para onde e por onde se vai. Mas justamente como um mapa, o método deve ser usado com muita liberdade. O caminho é igual para todos, mas a caminhada é sempre do jeito de cada um. O método se compara também a uma **roupa** que se compra feita: essa, para ser do gosto da pessoa, precisa às vezes de alguns ajustes. Método é, enfim, como uma **língua**: embora seja comum a todo um povo, ela é falada de modo diferente por cada pessoa.

E, justamente como uma língua ou qualquer arte, o método de meditar precisa ser aprendido. É uma **disciplina**. E como toda disciplina, exige esforço e aplicação. Aliás, a palavra meditação, tanto em latim (*meditatio*) como em grego (*meléte*), quer dizer originariamente exercício ou treino, quer no campo militar, quer no esportivo, quer no artístico ou em qualquer outra área que exija aprendizado.

De fato, meditar é como fazer exercícios de ginástica: é "malhar" a alma, é "sarar" o espírito. Parece coisa à-toa, mas é exercício que robustece o "homem interior". Assim também caminhar numa esteira fixa numa sala, pedalar numa bicicleta parada ou levantar e baixar pesos são todas atividades aparentemente inúteis; contudo, seus benefícios físicos são certos. O mesmo sucede com a meditação: parece coisa inútil ficar parado, sozinho, meditando, mas os resultados espirituais são garantidos: o organismo espiritual ganha músculos, a consciência se ilumina, a alma adquire serenidade e o coração prova uma satisfação inefável. O mesmo sucede com a galinha que choca: Quem diria que ela "não está fazendo nada"?

Como todo exercício, a meditação no início custa. É exatamente como aprender qualquer arte, como falar numa língua estrangeira, lidar com um programa de computador ou tocar um instrumento musical: no começo é duro e parece até antinatural; mas, com o tempo e a repetição dos atos, torna-se algo fácil e agradável. Por isso, não é bom, na meditação, fiar-se no puro espontaneísmo, deixando-se andar à deriva do gosto imediato (nem por isso se há de violentar o psiquismo). Antes, é útil aprender, com calma e vagar, um método escolhido, até que ele se torne em nós uma "segunda natureza".

Nem se há de pensar que um bom método **garanta** por si só uma boa meditação e nos obtenha automaticamente a luz e o favor divinos. Não; o que o método faz é **dispor** nosso coração para acolher a graça de uma meditação frutuosa. É como o nascer do sol: não depende de nós, mas, para gozarmos de seu espetáculo, devemos nos levantar e ficar à sua espera.

É preciso, finalmente, ter claro que qualquer método ou técnica de meditação é mero "dispositivo" para outra coisa mais importante: a união de amor com o Deus tri-uno. Meditação é **mediação**. O que importa mesmo não é ter um método de oração, mas uma **atitude** de oração. No campo da espiritualidade, Jesus mesmo não ensinou nenhum método, mas deu uma inspiração. Muitos santos, como S. Francisco, não tinham e nem deram um método específico de meditação, mas um estímulo e, sobretudo, um exemplo ("não orava, era feito oração": Celano).

Os métodos são invenções humanas, não divinas; foram dados não por Deus, mas pelas religiões. O que importa no método não é o método como tal, mas seu **uso**, ou seja, a atitude com a qual o utilizamos. O cristão pode até pegar um método oriental, como o yoga ou o zen, mas com a condição que o use guiado pela fé. É a fé revelada que deve sempre **regular** o uso de um método qualquer de meditação.

Os métodos de meditação que vêm do Oriente

Hoje, com a difusão de vários métodos de meditação oriental, como o yoga, o zen e a meditação transcendental, é preciso saber que não é qualquer método de meditação que serve para o cristão[45]. Pois o método depende da **natureza** da própria fé. Ora, fazendo um confronto entre a natureza específica da fé cristã e a dos métodos ditos "orientais", aparece o seguinte quadro contrastante:

1) A fé cristã tem de Deus uma ideia eminentemente **pessoal**. Isto significa que qualquer meditação que se queira cristã deve pôr a pessoa frente a frente com Deus como com um Tu, o supremo Tu. Já nos métodos "orientais", o Divino não é um Tu pessoal, mas algo de **impessoal**, como o Todo, a Energia universal ou o próprio Eu profundo.

2) Na fé cristã, a relação com Deus é uma relação de **encontro** interpessoal. A oração é diálogo e a meditação visa a comunhão íntima

---

45. A chamada "meditação transcendental", proposta desde 1957 pelo Yogi Maharishi Mahesh e que se espalhou em milhares de centros pelo mundo, consiste fundamentalmente em meditar um mantra pessoal secreto (recebido do guru), durante 15 minutos, duas vezes por dia.

com a Trindade. Esse distintivo decorre do fato anteriormente enunciado, isto é, de que Deus é um Tu pessoal; mais: é um Tu tri-pessoal. Em contrapartida, nos métodos "orientais", o fim da meditação não é o encontro e a comunhão eu-tu, mas a **fusão** do eu no Divino impessoal, a imersão no Oceano infinito ou o apagamento na Realidade sem-nome, como é o Nirvana.

3) A fé cristã exige **conversão**. Por isso, toda meditação cristã comporta mudança de vida, incluindo o compromisso ético com o próximo, o "outro" semelhante a mim. Por sua parte, os métodos "orientais" entendem passar **ao lado** ou **para além** da Ética, no sentido de sua superação.

4) A espiritualidade cristã adjudica um lugar central à **Palavra de Deus**. A meditação cristã é toda determinada, assim como animada, pela "positividade" da Revelação ou pela "objetividade" sobrenatural da fé. Já os métodos "orientais" buscam a própria **interioridade** ou profundidade espiritual, o próprio "eu abissal" e não o Deus transcendente, não pelo menos como o é o Deus bíblico.

5) Por fim, no Cristianismo, o papel de **Cristo** é absolutamente incontornável e decisivo. Ele é o único mediador, o caminho real e o paradigma supremo para o acesso ao Mistério divino (cf. 1Cor 12,3; 1Jo 4,2-3). Quanto às espiritualidades "orientais", o mediador é **vário**,

podendo ser também Cristo, mas um Cristo destituído de qualquer posição privilegiada[46].

Mesmo assim, como dissemos acima, os métodos "orientais" podem ser utilizados pelos cristãos, à condição, porém, de serem desvinculados de seu elemento originário e situados dentro do horizonte da fé, ficando, portanto, profundamente redefinidos e como que "batizados"[47].

O método de meditação aqui proposto: a "ruminação" recuperada

Como pudemos ver, há muitos e complexos métodos de meditação. Mas os métodos clássicos parecem por demais complicados para o "comum dos mortais", sobretudo para quem se inicia na via do espírito. Além disso, o "homem moderno" tem extrema dificuldade em se concentrar e meditar. Exatamente por isso os hindus afirmam que vivemos hoje uma "idade de ferro", que chamam de *Kali yuga*. Os "modernos" precisam de um método que lhes seja adaptado, que condescenda com sua fraqueza

---

46. Esses cinco critérios foram postos por SUDBRACK, J. "Meditação hoje". **DSp**, t. X, col. 827-934. O primeiro e o terceiro foram colocados também pelo documento da CONGREGAÇÃO DA DOUTRINA DA FÉ, "Carta sobre alguns aspectos da meditação cristã" (15/10/1989). **AAS**, t. 82 (1990), p. 362-379 (em latim), aqui n. 3; trad. franc. In: **Documentation Catholique**, 7/1/1990. Quanto aos fundamentos da meditação especificamente cristã, cf. BALTHASAR, H.U. Von. **Meditar cristianamente**. Madri: Encuentro, 2002.

47. Cf. RAGUIN, Y. **A direção espiritual**. Op. cit., p. 46-48.

espiritual e os ajude a ir a Deus a partir do lugar em que se encontram. Repetimos, contudo, que o que mais importa na vida espiritual não é o método, mas sua aplicação: o fervor com que é usado e o amor ao qual está finalizado.

Por isso, propomos aqui um "método" que prima pela **simplicidade**, além de ser um método fácil, prático e frutuoso. Seu núcleo está na técnica da "ruminação" ou da repetição. Flertando com a moda, poderíamos falar no método da "mantrização"[48]. Trata-se, na prática, de repetir muitas e muitas vezes (10, 50, 100 ou mais vezes) uma palavra, uma expressão ou uma frase inteira que nos toca sucessivamente durante a leitura da Escritura. É como ir mastigando e degustando uma comida deliciosa e, ao mesmo tempo, substanciosa. O uso de um rosário ajuda a manter o ritmo dessa repetição.

Em verdade, "ruminar" ou "mantrizar" não é ainda um método, mas apenas uma **técnica** – uma técnica situada dentro de um método maior, que indicaremos logo abaixo. Mas como se trata da técnica **central** do método proposto, podemos falar no "método da ruminação" ou simplesmente na "meditação mântrica" ou "mantrizada". O núcleo do método proposto aqui pode ser resu-

---

48. ***Mantra*** é uma palavra do sânscrito, pertencente ao vocábulo da tradição oriental hindu. Significa uma palavra ou uma frase, de caráter sagrado, carregada de energia espiritual. Na verdade, a repetição de um *mantra* se diz tecnicamente ***japa***. Usamos "mantrização" por pura questão de comodidade. Embora este vocábulo não pertença à tradição cristã, ajuda, contudo, a tirar do esquecimento um método espiritual que a ela pertence de pleno direito, como veremos.

mido nesta frase: **ruminar uma palavra na base do *stop and go*.**

Trata-se concretamente de ler pausada e atentamente um texto e parar na palavra, expressão ou frase que, na sucessão da leitura, chamou a nossa atenção. Faz-se aqui como a **abelha**, que, ao encontrar néctar numa flor, para nessa flor e suga o néctar. Assim você, quando encontra no texto da meditação uma frase ou ideia que o toca, detenha-se e absorva o "mel espiritual" aí escondido. Esgotado aquele mel, passe adiante. É a cláusula do *stop and go*.

Tente, portanto, degustar ou saborear lentamente o que você leu, como alguém que vai repassando um doce na boca. Faça como o Salmista ao dizer: "Quão saborosas são para mim vossas palavras, mais doces que o mel à minha boca" (Sl 118,103). Ou como o Profeta: "Quando encontrei tuas palavras, eu as devorei. Elas se tornaram minha alegria e as delícias de meu coração" (Jr 15,16).

E à medida que você vai "ruminando" ou "mantrizando", ou seja, repetindo a palavra ou frase que o tocou, vai despertando sentimentos, desejos ou afetos adequados ao que está dizendo: adoração, admiração, entrega, alegria, súplica, arrependimento, confiança, amor. Você pode mesmo parar, o tempo todo da meditação, na repetição de uma só palavra, como, por exemplo, "Abba", "Jesus", "Maria" etc.

Desse modo você estará se alimentando espiritualmente. Você estará assimilando a Palavra, interiorizando a Realidade divina. Meditação é para finalmente encher o coração de Deus e assim transfigurar sua existência. É, enfim, para melhorar a pessoa, e não simplesmente para abarrotar a cabeça de novas noções e o coração de simples emoções. Pois se a meditação não é transformante, não é meditação.

É bom sempre dar a esses sentimentos a forma da oração ou do colóquio: rezar o que se sente, dirigindo-se a Deus como a um "Tu". Notemos que, no método específico da *lectio divina*, a *meditatio*, precedida pela *lectio*, desemboca naturalmente na *oratio*, para culminar na *contemplatio*. De fato, pode acontecer, sobretudo para os espiritualmente mais adiantados, que a própria mantrização já não sirva, e o coração se sinta melhor ficando quieto e sem palavras diante de Deus e de seu mistério, deixando apenas o eco da Palavra ressoar no recesso do coração. É a chamada "contemplação" ou ainda oração de descanso, de quietude, de simples atenção ou de puro amor.

O método da "ruminação" ao longo da tradição cristã

Na história da meditação, que traçaremos a seguir em rápidas pinceladas, veremos como o método da "ruminação" tem uma longa tradição[49]. Esta, contudo, sofreu a partir do II milê-

---

49. Para este percurso histórico, aqui relido em função do método da "ruminação", recorremos ao conhecido **Dictionnaire de Spiritualité**, verbete "Meditation", por vários autores, t. X, Paris, 1980, col. 907ss.

nio certo eclipse, mas nunca se perdeu de todo, devendo hoje ser retomada, como estamos aqui propondo.

No AT

Na Bíblia, meditação (*haga*) é "murmurar" à meia-voz, movendo os lábios (Sl 1,2; 18,15; 48,4). Aliás, era esse, no mundo antigo, o modo de ler. O primeiro texto que fala de *haga* como murmurar/meditar se encontra no começo do livro de Josué: "Que o rolo desta Lei esteja sempre em teus lábios: murmura-o dia e noite [...]" (Js 1,8). Aqui se vê que o papel do murmúrio meditativo é assimilar ou interiorizar profundamente a Palavra de Deus, de modo a manter viva sua memória na caminhada do Povo da Aliança. A Palavra devia se transformar em convicção firme, em guia interior e regra de vida. A tradição monástica posterior, como veremos logo, falará em "mastigar" e em "ruminar" a Palavra.

É especialmente nos **Salmos** que aparece o verbo "murmurar" no sentido de meditar. Isso já no Salmo 1: "Feliz é todo aquele [...] que encontra seu prazer na Lei de Deus e a murmura/medita dia e noite" (Sl 1,1-2). Lemos em outros Salmos: "E minha língua todo o dia murmurará/meditará vossa justiça" (Sl 34,28; quase o mesmo no Sl 70,24). "A boca do justo murmura/medita a sabedoria" (Sl 36,30). O Salmo 118, o mais longo de todos, é uma ilustração do que é a meditação como murmúrio e ruminação espiritual. Aí o Salmista vai remoendo lenta e amorosamente uma coisa só: a Palavra de Deus, numa espécie de "variações sobre o mesmo tema". Encontra-se aí sete vezes o substantivo "meditação" (vv. 24.77.92.97.99.143.174) e quase outro tanto o verbo "meditar" (vv. 15.27.48.78. 99.148).

Isaías, por sua parte, também usa *haga* (murmúrio/meditação) no sentido do **arrulho da pomba** (Is 38,14; 59,11). De fato, a voz característica desse pássaro faz pensar no murmúrio meditativo. Para o Profeta, a pomba é símbolo de quem medita/murmura, isto é, de quem ora e geme diante de Deus.

Já os livros da Sabedoria e do Sirácida (ou Eclesiástico) são **meditações desenvolvidas** da História do Povo de Deus. Neste último livro lê- se: "Feliz o homem que se aplica à sabedoria e que emprega sua inteligência a refletir; que medita no coração em seus caminhos e pensa em seus segredos" (Sir 14,20-21).

No NT

No NT o verbo "meditar" (em grego *meletân*) é raro e ganha um sentido mais prático: significa "ocupar-se com". Assim: "Fixai bem em vossa mente que não deveis **vos pre-ocupar** (*pro-meletân*) como responder" (Lc 21,14). Assim também: "Ocupa-te com isso (*taûta meléta*)", ou seja: com a leitura da Palavra, a exortação, o ensino, o carisma da vocação etc.

(1Tm 4,15)⁵⁰. O latim posterior dá um sentido ainda mais prático ao seu *meditari*: seria exercitar-se (numa atividade qualquer, num trabalho) para fins de aprendizado, como se vê na Regra de S. Bento (cap. 8, 3; cf. cap. 44, n. 14; e cap. 48, n. 23).

Mas a verdadeira atitude meditativa/ruminativa no NT se encontra na figura de Maria de Nazaré. Não vem aí, entretanto, designada com a palavra técnica de "meditar", mas de "conservar" (*syn-e-téerei*) e de "repassar" (*sym-bálousa*). Esse era um **hábito** da Mãe de Jesus. É assim, por exemplo, que Lucas descreve a atitude da Virgem por ocasião da visita dos pastores: "Quanto a Ela (à diferença dos pastores, que apenas "contaram o que lhes fora dito"), repassava todas as coisas, meditando-as em seu coração" (Lc 2,19). Também depois do encontro de Jesus no Templo, o mesmo evangelista assinala: "Sua Mãe conservava (*di-e-téerei*) todas estas palavras em seu coração" (2,51). E antes ainda, na Anunciação, anota: "Ela se perguntava (*di-e-loghíseto*) o que significava aquela saudação" (1,29).

Mas é sobretudo de modo implícito que o NT fala da oração meditativa em forma repetitiva ou "mântrica". Assim, a oração do Publicano:

---

50. Uma vez é citado o Sl 2,1 em At 4,25 no sentido originário hebreu de murmurar/meditar, mas aqui com a conotação negativa de maquinar: "E os povos **meditaram** (*emeléteesan*) coisas vãs".

"Ó Deus, tem piedade de mim, que sou pecador" (Lc 18,13). Esse mantra inspirou a grande tradição da chamada "oração de Jesus", que se espalhou por todo o Oriente cristão até a Rússia e que se concentrou na jaculatória: "Jesus, Filho de Deus, tem piedade de mim, que sou pecador".

Temos também outros mantras, como o do cego Bartimeu: "Jesus, Filho de Davi, tem compaixão de mim", repetido com "gritos cada vez mais altos" (Mc 10,47-48). Sabemos também do clamor dos dez leprosos: "Jesus, Mestre, tem compaixão de nós" (Lc 17,13). Assim também os gritos insistentes da Cananeia: "Senhor, Filho de Davi, tem piedade de mim...", concluído com o comovente "Senhor, ajuda-me!" (Mt 15,21-28).

Mas a maior ilustração do NT de oração repetitiva é a do próprio Jesus no Getsêmani: "Abba, afasta de mim este cálice, porém, não se faça a minha vontade, mas a tua" (Mc 14,36). Esse mantra, Cristo o repete de modo quase obsessivo: "Afastou-se outra vez e orou dizendo as mesmas palavras" (Mc 14,39). Com aquele mantra, Ele concentrou todas as suas energias num só ponto: a Vontade do Pai, até conseguir coincidir com ela e com ela se identificar: "Basta! Chegou a hora! [...] Levantai-vos e vamos!" (Mc 14, 41b-42a). Poderíamos dizer que "seja feita a vossa vontade" era o mantra preferido de Cristo.

Na tradição dos Padres e dos Monges[51]

Para a Idade Monástica e Patrística, a Palavra de Deus não devia ser somente "comida", alimento que era, mas também e sobretudo "ruminada", a fim de ser assimilada e feita na alma carne e sangue espirituais. E "ruminar" era precisamente a metáfora para "meditar". Aludia-se ao AT, quando falava-se dos animais "ruminantes", que seriam animais "puros" (cf. Lv 11,3; Dt 14,6). Assim se exprime Sto. Agostinho: "Quando escutas ou lês, tu comes; quando meditas, tu ruminas, a fim de seres um animal puro e não impuro"[52]. O santo doutor fala inclusive da "boca do coração" e do "paladar do coração".

Esse sentido de meditar como "ruminar" se encontra desde a Carta de Barnabé (do começo do séc. II), passando por S. Clemente de Alexandria, pelos grandes *Abbas* do Deserto, como Antão, Pacômio e Macário, até Isidoro de Sevilha, Cesário de Arles, Bernardo de Claraval e mesmo até a *Devotio Moderna* e Lutero.

S. Pacômio, p. ex., em sua Regra manda os monges repetirem a meia-voz versículos da Escritura, especialmente dos Salmos, enquanto cumprem esta ou aquela atividade, como: dirigindo-se à igreja ou voltando de lá (Regra II, n. 1 e 7), cortando lenha ou fazendo pão (Regra II,

---

51. Para esta parte, cf. SEVERUS, E. von & SOLIGNAC, A. **DSp**, t. X, col. 908-911.
52. **Enarr. in Ps 36**: Sermo III, 5; cf. Sermo 149,3: PL 38,801.

25 e 44)⁵³. Era um método fácil para monges iletrados e "bons de braço" de Pacômio, diferente da meditação intelectual (*dianoia*) dos monges cultos de Evágrio o Pôntico (o qual, assim mesmo, incorpora a "oração *monológhistos*", isto é, de poucas palavras, como método para rebater pensamentos obsessivos, sugeridos pelo diabo⁵⁴). Já os monges bizantinos permaneceram mais fiéis ao método da repetição "ruminante", formalizando-o em seguida na referida "oração de Jesus" (mais precisamente: "oração **a** Jesus").

Como mostrou o historiador do monaquismo medieval Jean Leclercq, a *meditatio*, em toda a tradição monástica, consistia exatamente nisto: "murmurar", "ruminar", repetindo, mesmo com os lábios, versículos da Escritura. Nesse sentido, o grande letrado cita a expressão do mestre Alcuíno: "reler muito frequentemente" (*saepius relegere*) a Escritura. Reporta também a recomendação do teólogo João de Fécamp: "Ler e reler todos os dias (a Escritura), revolvendo o tempo todo no coração as coisas lidas"⁵⁵. Em seu estudo "*Meditatio-ruminatio*, um método tradicional de meditação", um especialista no assunto, F. Ruppert, define assim esse método:

---

53. **Regra dos monges**. São Paulo: Paulinas, 1993, p. 28-33.

54. Cf. BUNGE, G. **Akedia, il male oscuro**. Magnano (BI): Qiqajon/Bose, 1999, p. 115-121.

55. LECLERCQ, J. **Cultura humanistica e desiderio di Dio**. Florença: Sansoni, 2002, p. 18-22 e 243 [orig. Paris: Du Cerf, 1983].

"Por um lado, trata-se de repetir uma palavra ou texto, e mesmo de repeti-los de forma frequente, senão contínua; por outro, trata-se de saborear e assimilar interiormente esta palavra, de modo a fazer frutificar a repetição"[56].

A racionalização da meditação a partir do II Milênio

Interessante notar que, com a introdução do papel ativo da **razão** na teologia por obra de Sto. Anselmo (†1109), a meditação ganhou um cunho mais racional. Naquela época foram redigidos os primeiros **tratados sistemáticos** sobre a meditação. O primeiro desses tratados, de Hugo de S. Vítor (†1141), chama-se precisamente *De meditatione*. Esta atividade é aí distinta da *contemplatio* pelo fato de ter um caráter mais reflexivo. É entendida precisamente como a "penetração de algo de encoberto ou oculto na fé", embora tal penetração, de tipo intelectual, seja posta em vista da contemplação subsequente. Esta última é justamente considerada diferente daquela por ser, não busca mental, mas precisamente *contuitus*, pura intuição de Deus, gerando amor, alegria e paz.

Essa concepção de meditação influencia a famosa "escada de quatro graus" de Guigo II, que veio logo em seguida. De fato, aí a *meditatio* é apenas um degrau, o da penetração discur-

---

56. Apareceu em **Collectanea Cisterciensia**, t. 39 (1977), p. 81-93, ap. **DSp**, t. X, col. 909.

siva da Palavra. Seria o exercício da razão que vai da casca ao miolo. Representa uma simples etapa preparatória aos dois degraus seguintes: a *oratio* e a *contemplatio*. Guigo diz que a *meditatio* "apresenta" tão somente a "doçura do perfume divino", pois quem o concede de fato é a contemplação. Desse modo, no tríplice esquema clássico *lectio*, *meditatio* e *oratio*, que atravessou toda a Idade Média, a meditação faz o papel de *medium* ou ponte entre a leitura e a oração, que inclui a contemplação.

Contudo, a ideia da meditação "ruminante" não desapareceu de todo. As célebres "Meditações da vida de Cristo", do começo do século XIV, propõem como modelo Sta. Cecília, que, como dizem no proêmio, "guardava sempre o Evangelho escondido no coração [...] e nele meditava dia e noite [...], **ruminando**-o com doçura e suavidade"[57].

Com o surgimento, nos Países Baixos, da *Devotio Moderna*, cujo fundador foi Gerard Groote (†1383), a **racionalização** da meditação deu um passo a mais: propõem-se **métodos detalhados** de meditação. Aí a palavra "ruminação" não desaparece de todo, mas recebe um sentido decididamente reflexivo. Assim, Gerard Zerbott (†1398), um dos mestres daquela escola de es-

---

57. O autor provavelmente se inspira no responsório da 3ª leitura do 1º noturno do ofício de Sta. Cecília do antigo **Breviário Romano**, de antes da reforma do Vaticano II: "A virgem gloriosa trazia sempre o Evangelho de Cristo no peito e passava os dias e as noites entregue aos colóquios divinos e à oração".

piritualidade, fala da meditação como "ruminação aplicada [...], que trata com diligência" das coisas divinas (*studiosa ruminatione... diligenter pertractans...*). Aí, e só quase externamente, pelo seu objetivo, que a meditação se diferencia da reflexão meramente filosófica: ela visa a melhoria espiritual da alma.

Como dizíamos, nesse período a meditação torna-se extremamente **metódica**. No começo havia o método dos "pontos": apresentavam-se sucessivamente "pontos" doutrinais, seguidos de silêncio para a meditação, sempre reflexiva. Depois, com Wessel Gansfort (†1489), leigo associado à *Devotio Moderna*, monta-se um método de meditação extremamente detalhado: é a *Scala Meditationis*, organizada em 23 degraus, que foi, em seguida, retomada por João Mombaert (†1501) em seu *Rosetum*, obtendo a mais ampla difusão[58].

Como podemos constatar, a tendência ao racionalismo que penetrou toda a cultura ocidental, inclusive na Igreja, levou a privilegiar uma meditação mais discursiva que "ruminante".

Os métodos de meditação da Idade Moderna: permanência da "ruminação"

Com o advento da chamada Idade Moderna, a sistemática meditativa volta a se simplificar e

---

58. Para a *Devotio Moderna*, cf. GOOSSENS, M. **DSp**, t. X, col. 914-919.

a se flexibilizar. É o esforço dos grandes mestres espirituais dos séculos XVI e XVII, especialmente Sto. Inácio.

O fundador da Companhia de Jesus propõe, sim, o chamado "método das três potências" (memória, inteligência e vontade), que se tornou conhecidíssimo como "o método inaciano" por excelência. Mas essa foi uma redução intelectualística posterior, avalizada pelos Gerais da Companhia que vieram em seguida. A verdade é que o "método das três potências" não é o único que Sto. Inácio apresenta em seus **Exercícios espirituais**. Neste escrito, ele é mais rico e flexível. Indica também o método da contemplação dos mistérios de Cristo e, especialmente, o da "aplicação dos sentidos". Através deste último, a alma faria justamente uma aplicação **imaginária** dos cinco sentidos (ver, ouvir, cheirar, degustar e tocar), a fim de **se deleitar** nos Mistérios previamente meditados na especulação[59]. Além disso, este grande mestre espiritual não deixou de incorporar em seus **Exercícios espirituais** a velha técnica da "ruminação", como mostram os seguintes tópicos:

• "Demorar-me-ei mais nos pontos em que senti maior consolação, desolação ou sentimento espiritual" (n. 62).

• "No ponto em que encontrar o que quero, deter-me-ei, sem ter ânsia de passar adiante, até que me sinta satisfeito" (n. 76).

---

59. Cf. o brilhante estudo do famoso jesuíta MARÉCHAL, J. "Application des sens". **DSp**, t. I, col. 810-828.

• "Se quem contempla o Pai-nosso achar em uma palavra ou em duas bom assunto em que pensar com gosto e consolação, não procurar ir adiante, ainda que termine a hora no que encontra" (n. 254).

Outros mestres espirituais da Época Moderna ofereceram, cada um, seu método de meditação. Vejamos os principais:

• **Sta. Tereza de Ávila** (†1582) nas "Moradas" (em número de sete) e **S. João da Cruz** (†1591) na "Subida do Monte Carmelo" e na "Noite escura" (onde, em verdade, fala das "noites" às quais nos referimos) apresentam as várias etapas da ascensão da alma em direção à contemplação infusa, entendida como "núpcias místicas", sendo precisamente este o principal intento da escola carmelita.

• **S. Luís de Granada** (†1588) propõe o método em 6 "pontos" (= etapas): (1) Preparação, (2) Leitura, (3) Meditação propriamente dita, (4) Ação de graças, (5) Oferenda de si, (6) Pedido.

• **S. Francisco de Sales** (†1622), na "Introdução à vida devota" (cap. 6), oferece aos leigos um método extremamente simples, reduzido a três momentos: (1) Preparação; (2) Consideração, que é propriamente meditação; (3) Afeições, concluindo-se tudo com um propósito concreto e um agradecimento.

• **Jean-Jacques Olier** (†1657), baseando-se em Charles de Condren e no Card. de Bérulle, criou o que se chamou o "método de S. Sulpício", constando de três fases: (1) Pôr Jesus diante dos olhos (considerações); (2) Ter Jesus no coração (afetos); (3) Pôr Jesus nas mãos (propósitos). S. João Batista de La Salle (†1719) retoma este método, insistindo, porém, no "colocar-se na presença de Deus".

Ainda assim, o método da ruminação reemerge no interior dos vários métodos, como vimos em Sto. Inácio e como ocorre também dentro da chamada "Escola Francesa do século XVII", representada por Olier e bem estudada por H. Bremond. S. João Eudes, p. ex., aconselha: "Detende-vos a ruminar [...] e degustar as verdades que mais vos comovem, a fim de as imprimirdes no espírito e a tirar delas atos e afetos"[60]. Não é de se admirar, pois se trata não propriamente de um método, mas antes de uma antiga **técnica** que pode se adaptar com facilidade a muitos métodos.

Terminemos este excurso histórico com uma ilustração recente: é o modo como o conhecido monge egípcio Matta el Maskine explicou seu método de meditação a um discípulo que lhe pedia para lhe ensinar a rezar. Eis como o descreve um autor moderno:

> Disse: Dá-me uma Bíblia! Abriu o livro, buscou o início da Carta aos Efésios, levantou os

---

60. Ap. A. TANQUEREY. **Compêndio de teologia ascética e mística**. Op. cit., p. 372-373.

olhos para o céu e disse: Reza assim. Depois de ter lido em alta voz o primeiro versículo, calou-se. Repetiu cada palavra duas vezes. Depois, releu todo o versículo desde o começo. Em seguida, passou para o versículo seguinte. Aqui levantou a voz, cantarolou o mesmo versículo, repetindo as palavras muitas e muitas vezes. Levantou as mãos, prostrou-se, chorou. E assim fez para todo o capítulo. Durante todo esse tempo, Matta tinha esquecido totalmente a presença do discípulo, que tinha ficado sentado, junto dele, boquiaberto[61].

Sobre o uso de um "mantra" pessoal

Além de usar o método da ruminação ou da "mantrização" na meditação, você pode (e é bom) ter um *mantra* central que seja **seu** *mantra*, que você pode repetir a qualquer momento, especialmente nas "brechas" do cotidiano: esperando o ônibus, diante de um sinal vermelho, dirigindo-se ao trabalho ou simplesmente caminhando na rua. Nesse caso, escolha um *mantra* de sua preferência, uma palavra ou frase curta, com a qual você se sinta espiritualmente identificado. Seria como sua "carteira de identi-

---

61. TYVAERT, S. "Matta el Maskine et le renouveau du monastère de saint Macaire". **Istina**, t. 48 (2003), p. 60-179, aqui p. 160. Esse monge copta ficou conhecido como renovador da vida monástica do Egito de hoje. Restaurou o antigo mosteiro de S. Macário, fazendo passar o número de monges de 18, em 1969, para mais de 150 no início de 2000.

dade espiritual", identidade que é bom manter secreta, revelando-a tão somente ao seu diretor espiritual.

O mantra de sua escolha pode ser o clássico "Senhor Jesus Cristo, tem piedade de mim, pecador" (ou então, na forma extremamente abreviada: "Jesus"), "Senhor, tende piedade de mim", *"Kyrie eleison"*, *"Abba-Pai"*, *"Maranatha"*, "Meu Senhor e meu Deus", "Pai, venha a nós o vosso Reino", "Pai, seja feita a vossa vontade", "Meu Deus e meu Tudo", "Meu Deus, eu vos amo", "Sagrado Coração de Jesus, confio em vós", "Pai, em tuas mãos entrego o meu espírito", "Jesus-Maria", "Virgem-Mãe de Deus, alegra-Te" etc. Procure, à força de repetição, "enraizar" esse *mantra* em seu coração. Há quem faça sua meditação diária apenas repetindo seu mantra pessoal, e isso de modo uniforme e sem variações. Depois que o *mantra* estiver "enraizado" ou "instalado" numa pessoa, ele ressoará espontaneamente o tempo todo em sua mente, às vezes até mesmo durante o sono.

Para que a palavra sagrada se enraíze melhor na mente, convém repeti-la **com a boca**, como faziam os antigos, e não só mentalmente. Se a pessoa estiver sozinha, pode até cantarolá-la, gestualizá-la (ajoelhando-se, estendendo as mãos etc.) e mesmo dançá-la. As grandes tradições religiosas que utilizam a técnica do *japa* (repetição de um mantra), como o hinduísmo, o budismo e mesmo o hesicasmo cristão, aconselham associar a repetição à **respiração**[62]. Assim: quando você aspira, repita uma parte da frase (a mais luminosa, se possível); e quando expira, repita a outra parte (a menos luminosa). Dessa forma, seu mantra penetrará, por assim dizer, dentro de suas veias, ressoando ao ritmo de seu coração.

Mas, mesmo sem ritmar a repetição com a respiração, ao repetir a palavra ou frase que o tocou na leitura (p. ex.: "Eis aqui a serva do Senhor", ou simplesmente: "Luz", "Alegria", "Glória" etc.), vá repassando e degustando os sentimentos que essa palavra suscita em seu coração. Assim à força de repetição, as palavras sagradas vão liberando a energia e a vibração que contêm e acabam se tornando dentro de você palavras cada vez mais "estereofônicas" ou ressoantes[63].

De resto, esta é uma técnica ascético-mística antiquíssima, chamada "oração de Jesus" ou "oração do nome" ou ainda "oração do coração". Trata-se de recitar sem cessar o nome de

---

62. Sabemos que, na chamada "controvérsia hesicasta", no século XIV, os teólogos ocidentais, especialmente o monge calabrês Barlaam, ridicularizaram os monges hesicastas por ficarem horas de cabeça baixa, voltada para o umbigo, repetindo sempre a mesma fórmula ao ritmo da respiração. Gregório Palamas, contudo, tomou a defesa deste método em suas **Tríades em defesa dos santos hesicastas**, mostrando, contra o racionalismo ocidental, que a razão, sem a regeneração pela graça, não consegue se elevar até os mistérios divinos. Quanto à utilização de técnicas respiratórias, ela não é estranha a Sto. Inácio, que a propõe nos **Exercícios**, n. 258-260, falando do "orar por compasso".

63. Para a oração repetitiva ou mântrica, cf. a obra póstuma do jesuíta MELLO, A. (†1987). **Contacto con Dios**. 6. ed. Santander: Sal Terrae, 1995, cap. VIII, p. 103-124.

"Jesus", sozinho ou desdobrado na jaculatória: "Senhor Jesus, Filho de Deus Salvador, tem piedade de mim, pecador".

Esse tipo de oração, dita também "monológica" (*monologhistós*), já era praticado pelos Padres do Deserto. A técnica de repetir incessantemente o nome de Jesus vem do Deserto da Tebaida, mas se estabeleceu no Mosteiro de Santa Catarina, aos pés do Sinai, depois, no Monte Athos (Grécia) e finalmente em todo o cristianismo russo, de que o livro *Relatos de um peregrino russo* dá uma maravilhosa ilustração (o "peregrino" chega a repetir 12 mil vezes por dia a monologia "Senhor Jesus" etc.)[64]. Este costume é até hoje muito espalhado no mundo ortodoxo. Para isso o povo usa uma espécie de rosário de 100 contas, o "cikotki", conhecido hoje entre nós como "terço bizantino".

Aliás, em torno dessa técnica se concentrou no Oriente toda uma corrente de espiritualidade, chamada *hesicasmo* (*hesychia* = quietude, paz). Adotou este nome, porque, através da repetição do Nome mais que santo, entendia-se chegar a uma comunhão mais que serena com Deus. Por sua parte, Sto. Agostinho, na Carta a Proba, registra: "Conta-se que os monges do Egito fazem frequentes orações, mas brevíssimas, à maneira de tiros súbitos (*jaculata*), para

---

64. Os **Relatos de um peregrino russo** estão na Col. Oração dos pobres. São Paulo: Paulinas, 1986, 2. ed. A mesma coleção inclui também **O peregrino russo**: três relatos inéditos, 1985.

que a intenção [...] do orante não venha a se dissipar e embotar pela excessiva demora (entre uma oração vocal e outra)". E prossegue a modo de lição: "Assim, afastemos da oração os longos discursos e atenhamo-nos à súplica duradoura mediante uma fervorosa atenção"[65]. Esse costume ascético-místico deu origem à conhecida prática das "jaculatórias".

A técnica oriental da repetição de uma palavra bíblica foi trazida para o Ocidente por João Cassiano (séc. V). De fato, em suas "Conferências", esse, que foi um dos maiores mestres do monaquismo ocidental, ensina a repetir o tempo todo o versículo 2 do Salmo 69(70), versículo este que hoje abre todas as horas canônicas do Breviário romano: "Vinde, ó Deus, em meu auxílio. Senhor, apressai-vos em socorrer-me"[66].

Igualmente, o autor anônimo de *A nuvem do não saber*, uma das joias da literatura espiritual cristã, dos fins do século XIV, recomenda a simples repetição de "uma palavrinha, de uma sílaba preferivelmente, ou de duas" (e sugere "Deus" ou "amor"). E prossegue: "Prenda esta palavra ao seu coração, de modo que, aconteça o que acontecer, ela jamais vá embora. Esta palavra

---

65. *Ep.* 130, X, 20, trecho constando da 2ª leitura da 29ª semana do Tempo Comum, 2ª-feira, do **Breviário romano**.

66. Nas IX e X conferências, Cassiano conta a história que viveu com seu amigo Germano, segundo a qual os dois vão perguntar ao Abba Isaac como orar. Este lhes ensina a repetir o versículo citado, chamado aí a "prece de fogo": cf. MAIN, J. **Meditação cristã**. 3. ed. São Paulo: Paulus, 1987, p. 18-21.

será o seu escudo e a sua espada, quer você esteja cavalgando na paz ou na guerra"[67]. É verdade que, para o referido autor, esse exercício vinha somente depois da fase da meditação de tipo discursivo, mas nada obsta que acompanhe esta última, preparando assim seu ultrapassamento.

No Ocidente, contudo, tal método perdeu muito de seu valor de interiorização meditativa, ficando reduzido a mero exercício de piedade, como na recitação das "jaculatórias", como foi até pouco tempo praticada. Mas tal método nunca se perdeu de todo, apenas se transformou. O próprio Rosário da Virgem, como lembrou João Paulo II, tem fundo "mântrico", correspondendo à "oração do coração"[68]. O Papa Bento XVI afirmou que a recitação cadenciada do rosário, embalando a alma, eleva a mente a Deus, liberta das preocupações e restitui a serenidade[69]. Já o atual "terço bizantino", que o Pe. Marcelo Rossi difundiu pelo Brasil afora, procurou restaurar, de modo ainda mais explícito, essa antiga prática.

A técnica da meditação "mantrizada" foi recentemente redescoberta e restaurada pelo

---

67. ANÔNIMO. **A nuvem do não saber**, Col. A oração dos pobres. São Paulo: Paulinas, 1987, cap. 7, p. 45-46; cf. ainda cap. 37 a 40, p. 101-108.
68. Cf. a maravilhosa Carta apostólica de João Paulo II, *Rosarium Virginis Mariae*, n. 5, 27 e 28. Este documento entende oportunamente "relançar" para os dias de hoje a reza do rosário.
69. RATZINGER, J. **Dio e il mondo**. Cinisello Balsamo (MI): San Paolo, 2001, p. 289-290.

monge irlandês John Main (†1982). Ele conta que, quando ainda era funcionário do Serviço Colonial do Governo Britânico na Malásia, foi introduzido por certo guru no método da repetição de um mantra. Depois, feito monge, descobriu que um método semelhante tinha sido sugerido por Cassiano, como referimos antes. Para difundir esse antigo método da tradição monástica, John Main fundou em Londres o "Centro de Meditação Cristã", cujas filiais se espalharam efetivamente pelo mundo afora, inclusive no Brasil[70].

Devemos dizer, de resto, que praticamente todas as religiões conhecem, sob as mais variadas formas, técnicas de repetir fórmulas sagradas:

• Os **hindus** não cansam de repetir a sílaba primordial OM ou AUM. Entre as pessoas simples, é difundido hábito do *Rama-nama*, isto é, a repetição do nome do deus Rama. Os krishnaítas espalharam pelo mundo o estribilho "Hare Krishna". Os hindus conhecem também a ladainha dos mil nomes de Vishnu. Para a repetição de seus mantras, usam uma espécie de rosário: o *japa-mala*.

• Os **islâmicos** se comprazem no *dhikr*, que é a "recordação de Deus", que se faz através da repetição de seu nome, especialmente na fórmula *Lâ illâha illah-Lhâ* (Não há outro Deus

---

70. Pode-se consultar na internet o site desses centros de meditação: sites.uol.com.br/wccm

fora de Alá) ou de seus 99 nomes, para o que os muçulmanos utilizam seu rosário, a *subha*.

• Os **budistas** japoneses do Amidismo aprenderam do monge Honen (séc. XIII) a repetir vezes sem conta, especialmente na hora da morte, a invocação salvadora: *Nembutsu*, forma contrata de *Namu-Amida-Butsu*, significando "Veneração a Amida Buda" (Amida ou Amithaba é o Buda da suprema misericórdia).

• Os budistas **tibetanos** têm o misterioso mantra "Om mani padme hum", que se poderia talvez traduzir como: "A joia (= *mani*, simbolizando o Nirvana) no coração do Lótus (= *padme*, simbolizando o Samsara)". Para aquela *japa*, os tibetanos têm inclusive rosários, esses de 108 contas. Desse povo são ainda famosos os "moinhos de oração", que contêm em seu interior fórmulas sagradas e que se fazem girar todo o tempo, como uma oração contínua. Possuem também "pendões", trazendo escritas palavras de força. Acreditam que, ao tremular ao vento, tais pendões espalham pelos quatro cantos do mundo a energia contida nas palavras sagradas aí gravadas[71].

• Também as religiões **tradicionais** conhecem o hábito da repetição das fórmulas sagra-

---

71. Cf. VANNUCCI, G. (OSM). **La ricerca della parola perduta**. Op. cit., p. 269-277: "Uma forma universal de oração: a invocação do Nome divino". Refere-se aí ao hinduísmo e a seu mantra originário OM, ao budismo tibetano e a seu mantra *Om mane padme hum*, e ao Islã e à repetição do primeiro artigo de fé "Não há outro Deus senão Alá".

das, muitas vezes com ajuda de rosários, feitos de sementes, ossos, pedras, conchas, dentes. Assim, é, p. ex., o *tecebá*, rosário malê, feito de 99 contas.

• Por fim, os **hebreus** repetem as conhecidas exclamações bíblicas, que passaram também para a liturgia cristã, como "Aleluia", "Hosana", "Louvai o Senhor porque Ele é bom", "Bendito seja Deus para sempre", "Porque eterno é seu amor", e outras mais, como se vê especialmente em muitos Salmos.

Eis o que diz Gandhi da força da oração repetitiva, quando feita "com o coração", técnica que ele usava nas grandes concentrações de massa, seja para manter o povo na disciplina, seja para concentrar a atenção do mesmo, seja enfim para espiritualizar as manifestações públicas:

> Um cristão pode encontrar na repetição do nome de Jesus o mesmo bálsamo que o hindu encontra na repetição do nome de Rama (*Rama-nama*). Esta repetição vem da mesma essência do nosso ser. Ela cura todos os sofrimentos e permite viver muitos dias sem comida para o corpo, mas não sem oração. É uma força ilimitada. Comparada com ela, a bomba atômica não é nada[72].

---

72. Ap. TOSCHI, T. **Gandhi, mensagem para hoje**. São Paulo: Mundo 3, 1978.

Maria, mulher de meditação

A Mãe de Jesus é altíssimo modelo de meditação[73]. Ela teve uma "experiência de Deus" absolutamente única. Ela, como ninguém, "viu com seus olhos" e "tocou com suas mãos o Verbo da vida" (cf. 1Jo 1,1). Precisamente por causa desta experiência de Deus, vivida de modo extremamente íntimo, profundo e diuturno, Ela se tornou testemunha sem par do Verbo encarnado. Foi o que levou Padres a darem a Maria o título de "profetiza"[74].

A iconografia tentou exprimir essa experiência incomparável que teve Maria do Mistério divino, presente no próprio Filho, mostrando-a, por exemplo, frente ao livro da Palavra, em atitude de *lectio divina*; ou em estado de êxtase e estupor, de braços abertos, diante do Filho recém-nascido: *Quem genuit adoravit*. Evidentemente não se trata aí de um comportamento externo, mas de uma atitude espiritual, interior. São cenas teológicas, não históricas.

---

73. Cf. MASINI, M. (OSM). **Maria, "la Vergine dell'ascolto"**. Milão: O.R., 1994. • ID. **Maria donna in preghiera**: in ascolto del Mistero. Milão: Paoline, 1994. • MASCIARELLI, M.G. **La Discepola**. Maria dei Nazaret beata perché ha creduto. Vaticano: Libreria Ed. Vaticana, 2001. • PERRELLA, S.M. (OSM). **Ecco tua madre** (Gv 19,27). La Madre di Gesù nel Magistero di Giovanni Paolo II e nell'oggi della Chiesa e del Mondo. Cinisello Balsamo: San Paolo, 2007, p. 93-106: "Maria, donna ricca di fede e di memoria".

74. GRILLMEIER, A. "Maria Prophetin. Eine Studie zu einer Messianisch-Patristischen Mariologie". In: **Mit ihm und in ihn**. Freiburg/Basel/Wien: Herder, 1975, p. 198-216. Maria não é "profetisa" no sentido "extático-mântico", nem no sentido oficial-institucional, mas no sentido plenamente "carismático".

Seria temerário penetrar na intimidade da alma de Maria para contemplar a sua vida interior, sua "vida escondida em Cristo" (Cl 3,3). Contudo, o Evangelho não nos deixa sem indicações. Os relatos de infância de Lucas mostram, em mais de um lugar, figura da Virgem como mulher meditante, vivendo uma intensa vida interior. E isso é tanto mais significativo quanto mais parco se mostra o Evangelho em considerações de tipo psicoespiritual.

Assim, no relato da Anunciação, Lucas nota: "A estas palavras (de Gabriel), ela... se perguntava o que podia significar aquela saudação" (Lc 1,29). O subsequente diálogo com o Anjo põe em evidência o quanto Maria vive as coisas "a partir de dentro". É uma atitude meditativa que constitui um traço caracteriológico da "personalidade" de Maria. A meditação parecer ser nela algo de habitual. De fato, Lucas registra mais vezes a figura da Virgem em posição meditante:

– no nascimento do Filho, observa que Maria "conservava todas estas coisas, meditando-as em seu coração" (Lc 2,19);

– depois do encontro do Filho no Templo, o mesmo evangelista registra: "E sua Mãe conservava todas estas coisas em seu coração" (Lc 2,51). Essa referência é tanto mais significativa quando se observa que Lucas a faz valer para o todo o período (uns vinte anos!) da "vida oculta" em Nazaré.

Temos ademais dois textos onde Lucas se refere, de modo indireto, mas nem por isso menos eloquente, à fé de Maria: "Minha mãe e meus irmãos são os que ouvem a Palavra de Deus e a põem em prática" (Lc 8,21). E ainda: "Felizes antes os que ouvem a Palavra de Deus e a observam" (Lc 11,28). Efetivamente, supõe-se aqui em Maria um "ouvir" ativo e interiorizante.

Detenhamo-nos aqui brevemente no passo Lc 2,19: "Maria conservava todas essas coisas, meditando-as no seu coração"[75].

É de todos os versículos o mais expressivo do perfil meditante da Virgem. Situa-se no contexto do Natal. Lucas nos diz aí que, enquanto os pastores só "contam" o que testemunharam e todos ficavam apenas "maravilhados" com o que referiram (Lc 2,18), "Maria, por sua parte (*dé*), conservava todas estas coisas, meditando-as no seu coração" (Lc 2,19). A partícula grega *dé* sugere certo contraste: enquanto os outros pouco entendem do que se passa por ficarem ainda numa consideração exterior e superficial do que veem, Maria, por seu lado, vai além: busca compreender o sentido íntimo e profundo das coisas que a cercavam.

Aprofundemos este versículo, examinando seus quatro termos. Expliquemos primeiro os

---

75. Cf. o trabalho exaustivo de SERRA, A.M. (OSM). **Sapienza e contemplazione di Maria secondo Luca 2,19.51b**. Roma: Marianum, 1982; e também em forma sintética ID. **Maria secondo il Vangelo**. Brescia: Queriniana, 1987, p. 120-132.

dois termos mais simples: 1) "todas estas coisas", 2) "no seu coração"; depois analisemos as duas palavras mais densas de sentido: 3) "Maria conservava", 4) "meditando-as".

1. *"Todas estas coisas"*

O grego tem *rhêmata*, plural de *rhêma*, que pode ser traduzido por "palavra" ou também por "fato" ou "evento". Traduz-se em geral por "coisa". *Rhêmata* em nosso texto designa tudo o que vai sucedendo ao redor da Virgem, quer em palavras, quer em gestos ou acontecimentos. Essas "coisas" são em concreto:

– as **palavras** de Gabriel, que se mostram tão enigmáticas que obrigam a Virgem a se perguntar a si mesma e ao Anjo sobre seu sentido. Entram aqui também as palavras dos pastores, de Simeão e mais tarde as próprias palavras de Cristo. Todas essas palavras são matéria de meditação para Maria;

– os **fatos**, como a visita inesperada dos pastores, a perda dolorosa no Templo e posteriormente, os fatos da vida, paixão, morte e ressurreição do Filho;

– os **sinais**, como a manjedoura, sinal humilde do messias humilde, dado pelos anjos aos pastores (Lc 2,12.16); antes ainda, o sinal de sua própria maternidade virginal e, depois, os milagres de Jesus e todos os seus gestos de perdão, cura e salvação.

Pois bem, tudo isso era objeto de atenta consideração por parte de Maria. Ela se admirava de tudo e se perguntava pelo significado sagrado de cada coisa. Ele procurava descobrir nos fatos da vida a voz de Deus e seus apelos. Para Ela, a mensagem divina ressoava seja nas Escrituras, seja nos fatos da vida, seja ainda no fundo do seu coração. Para Maria, o Evangelho não era um livro, como é para nós hoje, mas uma história viva e, mais ainda, uma pessoa concreta: a Palavra que se encarnara em seu seio e que convivia familiarmente com Ela.

2. *"Em seu coração"*

O coração aqui, como em toda a Bíblia, é a fonte de nossa vida mais íntima e profunda: do pensar e do lembrar, do querer e do decidir, e não apenas das emoções superficiais e passageiras, como quer a mídia moderna. O "coração" bíblico seria a mente, a consciência, a alma, melhor ainda, o espírito. É o nosso "mundo interior", incomparavelmente mais vasto e mais rico do que todo o mundo exterior – esse mundo que a ciência moderna mostra já tão complexo em suas micro e macroestruturas.

A meditação de Maria não é apenas um pensar "cerebral". É um pensar "cordial" e mesmo "visceral", feito de intuição e sensibilidade, e também de muito silêncio. É o pensar sapencial. A Virgem não é só exemplo do teólogo, que reflete conceitualmente a fé, mas também da pessoa crente, que medita a Palavra para transformá-la em carne e sangue seus. Efetivamente, antes de concebê-la em seu seio, Ela a meditou em seu coração.

3. "Maria conservava..."

A Virgem confiava ao escrínio de sua memória as maravilhas de Deus, como um tesouro sem preço. De fato, o "conservar" de Maria era ativo: Ela voltava sempre às coisas que tinha vivido na companhia do Filho para compreender-lhes o significado transcendente. Assim já fazia seu ancestral Jacó: "Seu pai (de José) **conservava** a coisa (isto é, os sonhos do filho) em sua memória" (Gn 37,11). Igualmente o profeta Daniel diz: "**Guardei** a coisa (isto é, a visão do advento do Filho do Homem) no meu coração" (Dn 7,28).

Efetivamente, só a lembrança viva e contínua das coisas de Deus permite que elas liberem seu sentido íntimo. As coisas amadurecem com o passar do tempo. Seu significado pleno se revela apenas depois de terem consumado seu percurso, assim como uma frase só libera seu sentido cabal depois do ponto-final.

Por isso mesmo "conservar" ativamente na memória viva um evento é condição da "epifania de seu sentido". Daí que ressoa continuamente na Escritura a recomendação de lembrar-se de Deus, de não esquecer seus grandes feitos: no

Deuteronômio (cf. 4,9.10.23, etc.), nos Salmos (Sl 76,6.12; 104,5; 142,5 etc.), nos Profetas (cf. Is 46,8.9 etc.).

No Novo Testamento não é diferente: "Lembra-te de Jesus Cristo" (2Tm 2,8), adverte o velho Paulo a um seu discípulo. O próprio Cristo instituiu o memorial de sua entrega, ordenando: "Fazei isso em memória de mim!" (Lc 22,19). E uma das funções do Paráclito será "relembrar" aos discípulos tudo o que Ele ensinou, levando-os assim à "verdade plena" (Jo 14,26; 16,13).

O grande perigo é "esquecer", pois o olvido leva à "morte do sentido". Foi o que aconteceu aos discípulos em relação às palavras de Jesus, referentes à sua ressurreição: "Lembrai-vos do que vos disse..." e por isso censurados pelo Mestre (Lc 24,6; cf. ainda os vv. 8.25-27.44-46).

Não foi, porém, assim com Maria de Nazaré. Ela não esqueceu as palavras e as obras de Deus. Sua meditação era um hábito. Porque era para Ela uma forma de amor. Pois quem ama lembra: "Sião dizia: O Senhor [...] esqueceu de mim. Pode uma mulher esquecer-se daquele que amamenta? [...] E mesmo que ela o esquecesse, eu nunca te esqueceria. Eis que estás gravada na palma de minhas mãos [...]" (Is 49,14-16)[76].

---

76. A grande e antiga corrente de espiritualidade oriental chamada **hesicasmo** (de *hesychia* = calma, silêncio exterior e interior) punha o máximo cuidado em não esquecer a Deus sequer por um momento. Para isso devia servir a oração monológica, a "oração de Jesus", a ser recitada sem cessar. Como vimos, trata-se de um tipo de prece "mântrica", hoje muito em voga.

Importa saber que a memória bíblica – *zikka-ron* – não é simples lembrança ou recordação, entendida como mera representação do passado morto. É antes ressurreição do passado, recriação do que foi, fazendo com que seus efeitos de ontem nos alcancem em nosso hoje. É, portanto, presencia-lização, atual-ização, re-nova-ção. A memória para a Bíblia é sempre fecunda: é retomada do passado em nosso presente em vista do futuro. Por isso se fala também em re-memoração e em an-amnese.

Na verdade, é a memória viva do passado que constitui a "alma da tradição" e que faz essa tradição crescer (cf. *Dei Verbum*, 8). Enquanto re-fontização, a memória é o segredo de toda renovação e de todo avanço. Pelas re-leituras sucessivas, o passado é re-descoberto em seu sentido maior e projetado para o por-vir. É o que testemunham as sucessivas re-leituras ou re-memorações que ritmam toda a Bíblia e que, de certa forma, a estruturam.

O aspecto dinâmico da memória, que será em seguida melhor explicitada através da expressão "meditando-as", já está virtualmente incluído no simples termo "conservar", sem outros acréscimos, como se vê em Lc 2,51: "E sua Mãe **conservava** todas estas coisas no seu coração", entendendo: "conservava" ativamente, ou seja, meditativamente.

4. *"Meditando-as..."*

O termo grego *symbálousa* vem do verbo *sym-bálô*, que significa "pôr junto", donde a palavra "sím-bolo" como algo que une uma coisa a outra. A Vulgata traduz literalmente *con-ferens*. Por um decalque etimológico, poderíamos traduzir *symbálousa* em termos como: con-ferindo, con-frontando, com-binando e mesmo contemplando.

Note-se que *symbálêin* é um termo técnico do grego helenístico para a interpretação dos oráculos, significando a busca do sentido dos mesmos. Com efeito, a função do "cresmólogo" ou adivinho era precisamente a de ser interpretar ou clarificar o sentido obscuro das palavras oraculares proferidas pela Pítia ou pela Sibila[77].

Para Maria, trata-se de "pôr em con-fronto" as palavras, sinais e eventos uns com os outros, como para com-por uma frase com sentido ou como para visualizar um desenho com forma coerente. Através desse processo, a Virgem, por trás dos "acontecimentos da vida", procura enxergar, em filigrana, a mão amorosa e onipotente de Deus. Na história que vive, Ela in-tui o curso da salvação.

Mas a luz do sentido divino não provém apenas do con-fronto entre os vários eventos, mas também e sobretudo do con-fronto destes com a Palavra de Deus. Daí irrompe a Revelação

---

77. Cf. SERRA, A.M. Op. cit., p. 141-173.

como "evento de sentido". Ora, Maria de Nazaré é uma mulher profundamente familiarizada com as Sagradas Escrituras, como diz o velho Paulo de Timóteo: "Desde a infância conheces as Sagradas Escrituras" (2Tm 3,15). É, aliás, o que mostra o Magnificat. Aí os eventos que concernem a jovem Nazarena, especialmente sua concepção messiânica, são iluminados pelo confronto com as Palavras santas, como se nota pelas numerosas passagens evocadas em cada versículo daquele cântico.

Para Maria, como para todo hebreu, as Escrituras santas são o princípio de sua *paideia* ou formação. São sua cartilha de fé e vida, seu verdadeiro vademecum. Elas fornecem o prisma pelo qual ela percebe o mundo e todos os acontecimentos da história. Assim, a Virgem vê tudo "segundo as Escrituras". Mas não se trata aí das escrituras como código escrito (como, se Maria, pobre como é, pudesse dispor de um códice qualquer), mas das escrituras enquanto ouvidas na Sinagoga e rememoradas em seu dia a dia.

Tal rememoração tinha na Mãe de Jesus a forma que tomava em todo judeu piedoso: o murmúrio constante ou a ruminação. Quão frequentemente e com quanto fervor Ela não deve ter repetido palavras ou frases tiradas da Lei e do Profetas! Esse trabalho contínuo de assimilação devota das Escrituras pode ser claramente percebido pelo modo espontâneo e original com que a Virgem as refere em seu cântico sagrado.

Maria, "mulher sábia"

Nas Escrituras, especialmente nos Salmos, quem "medita" a Palavra é ou torna-se sábio. Afirma-o mais de uma dezena de vezes o Salmo 118[78]. Objeto da meditação do sábio são também as obras de Deus (Sl 76,13; 142,5). Essa meditação é constante: "dia e noite" (Sl 1,2), "o dia inteiro" (Sl 70,24), particularmente de noite ou, melhor ainda, de madrugada (Sl 62,7; 76,7; 118,148).

Como vimos acima, a meditação do sábio se faz pelo murmúrio contínuo das palavras santas, movendo coração e lábios, como em colóquio vivo e permanente com o Senhor. A essa luz, a Virgem meditante emerge como ícone da mulher "sábia", ou como a "filha da sabedoria"[79].

Mas quem seria seu Mestre espiritual? É o próprio Espírito, em virtude do qual concebeu a Palavra. Diz Jesus que o Pai esconde seus segredos aos "sábios e entendidos" deste mundo para "revelá-los aos pequeninos" (Mt 11,25-26). Ora, Maria de Nazaré deve ser tida como "a primeira entre os pequenos" do Senhor[80]. "Ela sobressai entre os humildes e pobres que esperam em Deus" (LG 55) e que Ele elegeu como confidentes privilegiados dos Mistérios do Reino.

---

78. Vv. 17.23.47.70.77.92.97.99.117.148 e 174.
79. Cf. SERRA, A. "Sábia". In: DE FIORES, S. & MEO, S. (orgs.). **Dicionário de Mariologia**. São Paulo: Paulus, 1995, p. 1.154-1.163.
80. JOÃO PAULO II. *Redemptoris mater*, 17.

O fruto da meditação da Mãe de Jesus são os próprios "relatos da infância" que Lucas, em sua diligente pesquisa "a partir das origens" (Lc 1,3), recolheu sem dúvida dos lábios e do coração da Virgem. Mas o fruto mais maduro e saboroso da meditação de Maria é, sem sombra de dúvida, o cântico do Magnificat (Lc 1,48-55).

A "peregrinação de fé" de Maria

Imagina-se que, pelo fato de privar da presença visível de Jesus, Maria tinha as condições mais favoráveis para crer nele. Pois, vendo diretamente o rosto do Filho divino, não gozava Ela, já então, de certa visão "face a face" de Deus (cf. 1Cor 13,12)?

Nada mais equivocado. Pois, como nós, Ela também não via diretamente a Deus, mas apenas através do espelho opaco da humanidade do Filho. Ao contrário do que se poderia pensar, a frequentação diuturna do Mistério "feito carne" nada tinha de particularmente exaltante[81]. Tendia antes para a sua banalização, como acontece com a rotina que ritma nosso cotidiano. E não é assim também para todo o cristão praticante que comunga cada dia? *Quotidiana vilescunt* – sentenciavam os romanos.

Poderíamos até dizer que crer para nós é mais fácil do que para a Virgem. Pois nós po-

---

81. Cf. BOFF, C.M. (OSM). **O cotidiano de Maria de Nazaré**. São Paulo: Salesiana, 2003, p. 107-117.

demos contar com dois mil anos da história da fé, a nos proporcionar toda uma série de vantagens: primeiro, o próprio fato da Ressurreição de Jesus; depois, o testemunho dos Apóstolos, dos Mártires e de tantos santos, sem excluir o exemplo insuperável de fé da própria Virgem; enfim, as declarações solenes dos concílios, a riquíssima reflexão dos Doutores, a transmissão milenar da Boa-nova pela Igreja e o peso da confissão de bilhões de cristãos ainda vivos.

Maria de Nazaré, ao contrário, não podia contar com nada disso. Entretanto, Ela foi a primeira a dar sua fé inteira ao Filho. Ninguém viveu tão intensamente como Ela a aventura dramática da "peregrinação da fé" (LG 58). Por isso mesma Ela a "primeira dos crentes" – primeira não só do ponto de vista histórico, mas sobretudo como modelo eminente de fé.

"Contemplação da paixão"

A prática de "conservar e meditar no coração" todas as coisas e todos os acontecimentos acompanhou Maria durante toda a sua vida e não apenas nos anos de vida escondida. Ela foi mulher de meditação também durante a vida pública de Cristo, em sua paixão, sob a cruz, depois da Páscoa e também após a Ascensão, quando começou a vida e a missão da primeira Comunidade cristã.

Quando o Filho se jogou na missão, Ela o olhava para o que Ele fazia e dizia, perguntando-se continuamente o que Ele queria dizer com tudo aquilo. Todas as mães lançam, sem cessar, sobre a vida dos filhos, esse olhar interrogativo e ao mesmo tempo interpretativo. Mas o caso de Maria é único, como único era seu Filho. De resto, a fé não é uma interpretação contínua da existência *sub lumine Dei*?

Mas foi em particular aos pés da Cruz que a fé de Maria foi mais duramente posta à prova. Ela também passou, com e como o Filho, pela experiência mais sofrida do abandono de Deus, pela prova mais espantosa do absurdo. Falando disso, João Paulo II escreveu estas palavras impressionantes: Maria "perfeitamente unida a Cristo em seu despojamento", participou da "mais profunda *kénose da fé* que foi dado a alguém viver na história da humanidade"[82]. A "noite da fé" da Virgem só foi superada em horror pela de Cristo.

Afirma um documento da Santa Sé para os Religiosos: "Ela, intrépida, de pé, junto da cruz do Senhor, ensina a contemplação da paixão"[83]. Que significa "contemplação da paixão"? O quê contemplou Maria na cruz? Contemplou o mistério insondável e amoroso de Deus salvador. Essa só podia ser uma contemplação de fé, mas radicalizada em mística. Pois o que é a fé senão ver (sobrenaturalmente) o (naturalmente)

---

82. *Redemptoris mater*, 18,3.
83. CONGREGAÇÃO PARA OS RELIGIOSOS... **A dimensão contemplativa da VR** (1980), n. 13.

invisível (cf. Hb 11,27)? O que a Virgem via no Calvário eram "trevas luminosas" – luminosas porque, com a penetração de seu olhar contemplativo, Ela "via", na noite da Paixão, a presença de seu Deus e a ação de sua mão salvífica.

Assim, imersa na noite mais sem fundo da história, só lhe restou entregar-se a si e ao Filho nos braços do Pai (cf. LG 58). Nada compreendendo, pronunciou, como o Filho, a palavra da confiança absoluta: "Abba, em tuas mãos entrego o meu espírito" (Lc 23,46). Como Abraão e mais que ele, Ela "esperou contra toda a esperança" (Ro 4,18; cf. RMa 14)[84]. Embora enfrentando a "tentação" mais extrema, Ela "não caiu", porque, como Jesus e à diferença dos Apóstolos, Ela "vigiou e orou" (cf. Mc 14,38). *Stabat Mater dolorosa*!

A clara luz do sentido daquela "noite" só irrompeu com o evento da Ressurreição e com a descida do Espírito Santo. Só então, meditando longamente sobre os eventos da Paixão e morte do Filho, Ela pôde compreender plenamente o Mistério do Amor que sofre e redime. Ela foi a primeira a ver, *sub specie contraria*, o que todo crente ainda hoje procura ver quando olha para a Cruz: no Cristo humilhado, o Senhor da glória; no símbolo da morte e do desespero, a "única esperança"; no abandonado, o Filho amado

---

84. Cf. PERRELLA, S.M. Op. cit., p. 354-375: "Maria, donna della speranza".

do Pai; no amaldiçoado, o amor que abençoa e salva. *Regina coeli laetare, alleluia!*

A lição essencial que fica é que a experiência de Deus, tal como a viveu a Mãe de Cristo, tem sua "hora de trevas", como no Gólgota, mas também sua "hora de glória", como em Caná e, mais ainda, na Páscoa. Ver, tanto aqui como lá, a presença amorosa de Deus e permanecer em comunhão com Ele é o objetivo último de toda oração e meditação.

Também na esfera de uma fé meditada e feita vida, valem as palavras de S. Beda, o Venerável: *Imitemur et nos, fratres, piam Domini Matrem*: imitemos, nós também, irmãos, a piedosa Mãe do Senhor[85].

---

85. Apud 210º CAPITOLO GENERALE DELL'ORDINE DEI SERVI DI MARIA, **Servi del Magnificat**. Sotto il Monte: Servitum Ed., 1996, nota 135.

Apresentação e explicação do método de meditação aqui proposto

A) Apresentação do esquema completo do método

Sugerindo a técnica da "ruminação", indicamos o essencial do método da meditação. Porém, para sermos completos, deveremos apresentar um esquema completo de como se desenvolve o método da meditação, com suas várias etapas.

Incluiremos no esquema, entre parênteses, uma pequena técnica para cada passo em particular. Quando se vai meditar, é útil manter esse roteiro diante dos olhos.

Eis o esquema do método de meditação:

> ## 1. Entrada
>
> 1. Pôr-se na presença de Deus
> *(Respirar fundo, de olhos fechados)*
> 2. Pedir as luzes do Espírito Santo
> *("Vinde Espírito Santo, enchei...")*

> ## 2. Corpo do método
>
> 1ª. leitura: lenta e atenta
> 2ª. leitura: "ruminando"
> *(Mantrizar na base do "stop and go")*

> ## 3. Saída
>
> 1. Palavra a guardar para o dia
> (Escrevê-la nalgum papel)
> 2. Agradecimento
> *(Ave-Maria ou Glória-ao-Pai)*

B) Explicação do método proposto

Entrada

1) Pôr-se na presença de Deus

Aqui a imaginação pode ser de boa ajuda. Você pode se imaginar sentado aos pés do Mestre, como Maria de Betânia, para escutar sua Palavra; ou como hóspede e comensal da SS. Trindade, tal como o evoca o ícone de Rublëv; ou ainda andando com Jesus pelos campos, montes ou praias, e assim por diante.

Essa parte pode se conectar, de modo natural, com a técnica de relaxamento, sugerida anteriormente para criar o silêncio interior.

2) Pedir as luzes do Espírito Santo

Isso é de tradição. E com razão, pois somente com a ajuda da divina Graça se poderá fazer uma meditação frutuosa. De fato, só Deus é nosso mestre verdadeiro – o "mestre interior". Somente seu Espírito pode nos abrir o acesso aos seus tesouros secretos. Só o Filho nos revela os segredos do coração do Pai (cf. Mt 11,27). Só Ele tem as chaves do "jardim fechado e da fonte selada" (Ct 4,12).

Corpo do método

Esta é a parte central do método. Explicamos que consiste na "ruminação" da Palavra, segundo o gosto que se sente da mesma. O que mais conta aqui são os **sentimentos**, não no sentido de emoções superficiais, mas de afetos propriamente espirituais, não simplesmente psicológicos. Trata-se de um "sentir" que é, no fundo, um desejar radical, um querer fundamental. É o ponto em que se busca "sentir" o Divino, "experimentar a doçura da Palavra de Deus" (Hb 6,6). Aqui não há que ter pressa. Se a mente se deleita numa só palavra ou frase, ficar nela, mesmo que passe nisso todo o tempo da meditação.

Mas, a essa altura, é preciso fazer uma **observação importante**. Para os **iniciantes**, que não têm ainda um "paladar" desenvolvido para Deus e sua Palavra, convém se exercitarem durante um bom tempo numa meditação de tipo mais **reflexivo**. Apesar de não ser a reflexão a operação mais importante da meditação, esta não só não descarta o trabalho do entendimento, mas muitas vezes o pressupõe, como já explicamos. Portanto, se não vem de imediato ao meditante o "gosto" pela Palavra lida, no sentido de "degustá-la" repassando-a em seu paladar espiritual, ele deve desenvolver reflexões a partir do texto sagrado: o que este revela de Deus e de seus planos, o que implica para a sua vida etc.

Claro, não se trata aqui, como vimos, de exercer um pensamento puramente discursivo e abstrato, mas de um pensamento **sapiencial** ou devoto, que encaminhe para a comunhão com Deus. Como dissemos, esta fase é importante para os **principiantes**, pois a reflexão ajuda a criar **convicções** fortes, sem as quais a experiência espiritual permanece precária. Essa precaução é muito relevante hoje, porque nos põe em guarda contra a tendência atual de "dar de barato" as coisas do Espírito, como se percebe pelo uso "facilitão" dos termos "espiritualidade" e "mística", os quais, na verdade, dizem respeito aos desafios mais elevados do espírito.

Para se iniciar a meditação, o chamado "método inaciano" sugere que se comece num nível ainda mais elementar: o da **imaginação**. Assim, antes ainda de refletir, você pode se **representar** cenas, pessoas ou coisas a partir do que está lendo. Você pode também se colocar como ator da cena descrita no texto a ser meditado. Ocupar, assim, a mente ajuda a evitar as distrações, que entram sempre pela porta da imaginação, quando a encontram desocupada. Além disso, as imagens religiosas, representadas na mente, assemelham-se a trampolins: têm um poder muito grande para lançar nosso espírito na direção do Mistério. Por fim, a técnica imaginativa se baseia na pedagogia de Deus, cuja divindade se nos tornou supremamente acessível através da santa humanidade de Cristo, como insiste Sta. Tereza.

Se retomarmos as fases do "método inaciano", poderíamos decompor a parte central do método assim:

> 1) **Imaginar.** É a fase das **representações**. Aqui você opera com a **imaginação**.
>
> 2) **Refletir.** É a fase dos **pensamentos**. Aqui entra em ação sua **inteligência**.
>
> 3) **Sentir.** É a fase dos **afetos**. Aqui você trabalha com o **coração**, ou mais precisamente com a **vontade**. É neste momento que você aplica a técnica da "ruminação" ou da "mantrização".

Observe que, para um **iniciante**, é bom seguir estas três fases, uma depois da outra, demorando-se mais naquela em que se sentir mais à vontade. Assim, ganhar-se-á disciplina. É só com o tempo que despertará nele o "sabor" da Palavra, podendo então passar por cima da imaginação e da reflexão para se estabelecer, de imediato, na fase do "sentir".

Como você vê, o processo espiritual vai no sentido de **diminuir os pensamentos e aumentar os sentimentos**, tomando estes últimos no sentido mais profundo de "afetos da alma". Num estágio ainda mais avançado, passa-se da simples meditação para a **contemplação**, entendida no sentido mais estrito. Quer dizer que se passa do "simples encontro de namorados" para a "comunhão íntima de esposos", segundo a linguagem dos místicos, especialmente de Sta. Tereza de Ávila[86]. A própria atividade de "ruminar" pode, a certo momento (do processo da meditação ou da evolução espiritual mais ampla), parar, em nível consciente, para dar lugar à pura contemplação, silenciosa e gozosa. Mas aqui já não há mais caminhos, apenas o voo livre na amplidão do Mistério sob o impulso do Santo Pneuma.

---

86. No livro **Moradas ou castelo interior** (1577), aquela doutora põe na 4ª morada a "oração de quietude". Esse tipo de oração prepara a união mística das moradas seguintes. Na 5a morada, temos os "primeiros contactos" místicos, que seriam como o "Namoro espiritual"; na 6a morada, o "Noivado espiritual"; e na 7a e última morada, o "Casamento místico": cf. ADNÈS, P. **DSp**, t. X, Paris, 1980, col. 396-400.

Este é o percurso normal, falando em teoria. Na prática, porém, as etapas podem-se misturar ou se suceder de modo variado, dependendo da disposição interior do momento. Há dias em que a gente se eleva logo à oração de quietude e há outros em que se sente mais levado à reflexão. Sta. Terezinha, de sua parte, propõe, em sua "pequena via", que a pessoa busque, de entrada, estabelecer-se no campo do amor confiante, sem perder muito tempo com imaginações e pensamentos[87].

Portanto, use o esquema sugerido para se guiar e não para se escravizar. Escute antes o que o Espírito lhe sugere no fundo de seu coração. Há momentos em que você pode se sentir chamado a alçar-se logo à união com Deus em paz e sossego. Siga esta impulsão espiritual, com

---

87. Tocamos aqui num ponto delicado da teologia mística. Grandes mestres espirituais, como S. João da Cruz e Sta. Teresa, põem uma descontinuidade radical ou uma diferença **qualitativa** entre meditação e contemplação. Entendida esta em sentido próprio, como contemplação mística "passiva" ou ainda "infusa", ela seria fruto de uma operação divina, absolutamente gratuita, infundida pelo Espírito Santo, o qual faz tudo e a alma nada, apenas recebendo. Sta. Teresa chega a fazer esta comparação: meditar é como regar um jardim com um regador; já contemplar é como aguar o mesmo jardim graças a uma fonte que está dentro dele: **Vida**, 11,7. Sem dúvida, confundir sem mais meditação e contemplação é resolver uma questão complexa de modo fácil e superficial, correndo-se o perigo de antecipar prematuramente as etapas da laboriosa evolução espiritual. Por outro lado, não se pode também bloquear, com esquemas prefixados, o impulso da alma sequiosa de Deus, assim como não se pode pôr limites à potência do Amor gracioso de Deus. Este nunca se recusa a um coração que se abre a Ele na simplicidade e na confiança de um amor sem limites, como ensinou Sta. Terezinha do Menino Jesus. Para esta problemática, cf. o verbete "contemplação" nos dois dicionários citados supra, nota 16.

humildade, gratidão e sobretudo sem presunção alguma. Agora, se o invocado "amor de Deus" não levar você à conversão e ao sacrifício de si, esteja certo de que aquele amor não passa de ilusão romântica.

Saída

Ainda antes de fechar sua meditação, quer mais contemplativa, quer mais reflexiva, propõem-se duas coisas:

1) Escolher uma **palavra concreta**, que sirva de luz para seu dia. Que seja uma palavra específica e não genérica. É o que se chamou de "ramalhete espiritual", proposto por S. Nilo e recomendado por S. Francisco de Sales. Pode ser:

- seja uma **palavra** ou frase que você tentará lembrar, repetir e vivenciar durante o dia;
- seja um **propósito** bem concreto que você se esforçará para praticar daí para frente.

Para os principiantes, é este último gênero de ramalhete que mais importa: o do propósito concreto. Seja como for, a meditação cristã, se quer ser autêntica e não "alienação", deve sempre retornar à "vida real", em particular ao amor do irmão, especialmente do irmão pobre.

Como sugestão técnica, formule a palavra escolhida, em particular seu propósito, numa palavra só ("alegria", "humildade", "perdoar" etc.) ou numa frase ("tu és o Messias", "eu venci o mundo", "moderar a fala", "olhar a todos com olhos de compaixão" etc.). Se puder escrever isso num pedaço de papel e pô-lo à vista, melhor ainda. E veja, depois, durante o dia, se você lembrou de praticar aquilo que se propôs.

2) Para fechar, faça uma breve oração de **agradecimento** ao "Mestre interior" ou à SS. Virgem, Sede da Sabedoria, pelas lições e frutos que recebeu na meditação.

Advertência final muito importante: perseverança

Na caminhada espiritual, o segredo é a **perseverança**. Se você quer crescer espiritualmente, precisa fixar bem esta convicção em sua cabeça. E prepare-se para as provações: a indolência, o apelo do ativismo, a aridez e especialmente o tédio espiritual (acédia) – esse "demônio meridiano" que quer persuadi-lo a ver na meditação pura "perda de tempo".

Saiba, porém, que essas são tentações vindas do Maligno. Ele quer afastá-lo de Deus, de quem você está procurando se aproximar sempre mais. Fique, portanto, bem atento a isso, e resista o quanto pode, fiel à prática da meditação cotidiana, com tudo o que ela implica de horário, duração, texto e inclusive método.

Fique bem convencido de que meditar é sempre útil, embora não pareça. Não só: é a atividade suprema do espírito e a que desprende a mais alta energia: a que move o mundo. Meditar é como deixar iluminar o coração, para que, uma vez aceso, ele possa iluminar e aquecer os outros. Buddha compara o homem que, pela meditação, vence a dispersão, como a "lua que, libertando-se das nuvens, ilumina o mundo"[88].

Fixe o olhar de seu coração em Maria, que perseverou até o fim, "de pé, junto à cruz" do Filho, contemplando aí, em sua morte, a suprema prova de Amor de Deus. Aí Ela participou – como disse João Paulo II – da "mais profunda *kenose da fé* na história da humanidade"[89]. Mas em seguida Ela contemplou seu Filho no esplendor de sua glória pascal.

Contra a tentação do desânimo, valha, para terminar, a seguinte admoestação do sábio Jesus ben Sirac:

> Meu filho, ao entrares no serviço de Deus, permanece firme [...] no temor, e prepara a tua alma para a provação. Humilha teu coração e espera com paciência [...] Não te perturbes no tempo da infelicidade. Sofre as demoras de Deus. Dedica-te a Deus e espera com paciência, a fim de que [...] tua vida se enriqueça (Sir 2,1-3).

---

88. BUDDHA, **Dhammapada**, verso 172.
89. JOÃO PAULO II, Encíclica *Redemptoris mater* (25/3/1987), n. 18,3.

CULTURAL

Administração – Antropologia – Biografias
Comunicação – Dinâmicas e Jogos
Ecologia e Meio Ambiente – Educação e Pedagogia
Filosofia – História – Letras e Literatura
Obras de referência – Política – Psicologia
Saúde e Nutrição – Serviço Social e Trabalho
Sociologia

CATEQUÉTICO PASTORAL

Catequese – Pastoral
Ensino religioso

REVISTAS

Concilium – Estudos Bíblicos
Grande Sinal
REB – SEDOC

TEOLÓGICO ESPIRITUAL

Biografias – Devocionários – Espiritualidade e Mística
Espiritualidade Mariana – Franciscanismo
Autoconhecimento – Liturgia – Obras de referência
Sagrada Escritura e Livros Apócrifos – Teologia

VOZES NOBILIS

Uma linha editorial especial, com importantes autores, alto valor agregado e qualidade superior.

PRODUTOS SAZONAIS

Folhinha do Sagrado Coração de Jesus
Calendário de Mesa do Sagrado Coração de Jesus
Agenda do Sagrado Coração de Jesus
Almanaque Santo Antônio – Agendinha
Diário Vozes – Meditações para o dia a dia
Guia Litúrgico

VOZES DE BOLSO

Obras clássicas de Ciências Humanas em formato de bolso.

CADASTRE-SE
www.vozes.com.br

EDITORA VOZES LTDA.
Rua Frei Luís, 100 – Centro – Cep 25689-900 – Petrópolis, RJ
Tel.: (24) 2233-9000 – Fax: (24) 2231-4676 – E-mail: vendas@vozes.com.br

UNIDADES NO BRASIL: Belo Horizonte, MG – Brasília, DF – Campinas, SP – Cuiabá, MT
Curitiba, PR – Florianópolis, SC – Fortaleza, CE – Goiânia, GO – Juiz de Fora, MG
Manaus, AM – Petrópolis, RJ – Porto Alegre, RS – Recife, PE – Rio de Janeiro, RJ
Salvador, BA – São Paulo, SP